JOURNAL
D'UN ÉLÉPHANT
DANS UNE PEAU
DE GAZELLE

Sonia Dubois

JOURNAL D'UN ÉLÉPHANT DANS UNE PEAU DE GAZELLE

DU MÊME AUTEUR

Journal d'une grosse repentie, Éditions Michel Lafon, 1995
Maigrissons ensemble ! Éditions Michel Lafon, 1996
Perpète à New York, Éditions Michel Lafon, 1996

Dans l'univers de la télévision et du cinéma, il est un métier très particulier : celui des chefs monteurs et de leurs assistants. Ces gens-là donnent du souffle, du rythme aux images. On n'en parle que deux fois l'an, à la remise des César et à celle des 7 d'Or, pourtant c'est grâce à leurs doigts de fée que de sombres séries B ou des émissions de plateau vasouillardes prennent parfois de l'éclat. J'ai pour eux d'autant plus d'affection que, lors de la sortie du Journal *d'une grosse repentie – mon premier livre –, l'un de ces artistes m'a dit que je lui avais donné du courage. Lui seul sait pourquoi, mais je lui dédie ce deuxième* Journal.

EN GUISE
D'AVANT-PROPOS

Depuis trente-trois ans, tout mon équilibre repose sur quatre piliers : les Beatles, Nietzsche, New York et le gras. Tout y est, et je ne m'en lasse pas. Pas même du gras, que j'ai aimé au point de n'en être jamais rassasiée. Pourtant, c'est ce qui gave le plus. Vite fait, bien fait.

J'aurais pu tomber dans l'alcool, voire la dope, c'était nettement plus « raccord » avec ma génération et son foutu mal de vivre. Eh bien non. Moi je suis tombée dans le bœuf mode, le veau navarin, le confit, l'andouille de Vire, les tripoux d'Auvergne, le saucisson d'Arles, l'escalope normande, la choucroute d'Alsace, la fondue savoyarde et la sauce béarnaise, sans oublier la boulette d'Avesnes, le pavé de bœuf et son gratin dauphinois, le roquefort, l'époisses et le paris-brest.

Et j'en passe.

J'y suis même tombée à pieds joints, façon conquistador ayant trouvé son eldorado en matière (grasse) de spécialités locales. En France, cette terre de contrastes, le beurre, la crème, le saindoux et l'huile d'olive forment les quatre points cardinaux de la géographie culinaire. Autant dire que sans jamais me sentir déboussolée j'ai exploré par le menu la carte de notre bon vieux pays, plateaux de fromages et desserts compris. Pas un fond d'assiette où je n'aie trempé mon pain pour recueillir ce gras qui donne à un plat tout son relief. Jusqu'à l'écœurement.

Voilà bien mon meilleur ennemi, d'ailleurs : l'écœurement. J'ai tellement consommé de gras, au cours de cette existence, que l'on aurait pu me guillotiner avec un fil à couper le beurre. De fait il eût fallu me décapiter pour que je cesse d'avaler, d'engouffrer, de m'empiffrer. Car, écœurement ou pas, j'étais hyperphagique. Et l'hyperphagie, ça ne connaît pas de limites. Ça vous dévore. Ça vous entraîne à tout engloutir puis vous laisse échouée comme une baleine, repue pour fort peu de temps sinon satisfaite.

Parce que très vite la névrose reprend le dessus, encore plus vaillante et triomphante qu'à la dernière crise.

Ainsi, pendant les vingt-neuf premières années de ma vie, je ne me suis occupée que de tromper une faim perpétuelle en y consacrant plus du tiers de mes journées. À l'école par exemple, croyez-moi, ce n'est pas une mince affaire que de passer sept heures de classe à ingurgiter des trucs aussi indispensables que le produit national brut du Bhoutan tout en arrivant à se bourrer de Pépito entre deux interros. Genre Alceste dans *Le Petit Nicolas* de Sempé et Goscinny, vous voyez.

Quand je suis devenue étudiante, j'ai fini par y vouer pratiquement tout mon temps. Je ne faisais plus qu'un repas par jour : celui-ci commençait dès mon lever pour s'achever aux environs de une heure du matin. Une gigantesque orgie très organisée. Au début une dizaine de croissants au beurre en provenance des diverses boulangeries de la place des Abbesses, puis j'attaquais le solide avec une bonne dose de Maalox dans l'œsophage pour faire taire ces petits reflux gastriques dont j'étais victime plus souvent qu'à mon tour.

Là entrait en scène un gros panier d'osier contenant tout un assortiment de saucissons, des mous, des bien secs, des aux trois poivres, des aux quatre herbes, des à l'ail, les uns coupés en fines rondelles, les autres en tranches épaisses. Avec dans le fond du panier, immuable, ma petite bouteille de pomerol.

À peine en avais-je fini qu'il était déjà midi. Les premières fatigues se faisaient sentir mais il fallait penser au déjeuner. Ce que j'aimais par-dessus tout, c'était réchauffer des surgelés et les consommer bien dégoulinants. Pizzas liquéfiées, tartes aux oignons coulantes, quiches lorraines baveuses, peu importait pourvu que ce fût nappé d'une pâte aussi fondante que grasse. De celle qui me collait au palais et que je tentais de dissoudre dans un café au lait Gloria. Après quoi je passais directement au goûter, que col-matait un bel éventail de cakes et de barres ven-déennes recouverts d'une épaisse couche de crème Mont-Blanc.

Je vous ferai grâce de l'apéritif, du plateau télé, du dîner, du souper et du médianoche. Car il ne faudrait pas croire : le temps file vite à manger. En plus le quotidien s'en trouve allégé de toutes ses vicissitudes. Moi, pendant que je bâfrais, je ne pensais à rien. J'avais l'esprit au repos. Et cela n'a pas de prix pour une névro-sée – une torturée des boyaux d'en haut, juste sous les bigoudis – qui s'autoanalyse en per-manence au point d'en devenir totalement égo-centrique, de ne plus rien écouter d'autre que la litanie de son propre malheur, style : « Je me gave, je grossis, je me dégoûte, alors pour oublier je mange. »

On a beau dire, les dents du fond qui baignent et la langue chargée de lourdes saveurs c'est l'assurance d'un calme plat dans le bocal. Surtout quand vient enfin le moment de sombrer dans un sommeil hagard. Ce qui pourtant n'arrange rien, puisque qui dort dîne comme chacun sait.

Si je m'étais épanchée, à cette époque j'aurais pu écrire que la vie ne valait pas tripette, que j'étais née pauvre chez les riches, que je vomissais ce monde cruel et *tutti frutti* ; mais non, rien de tout ça. Pas le genre de la maison. Plus simplement, lutter supposait des efforts que j'étais incapable de fournir.

Du coup, pour seul *happy end*, je m'imaginais que la fin devait être aussi douce qu'un bol de crème anglaise, celui de trop.

*

*   *

D'une manière parfaitement surréaliste – et pour résumer –, mon destin a basculé en plein dans cette période de gavage non-stop, vingt-quatre heures sur vingt-quatre et sept jours sur sept.

La déformation physique qui résultait de cette hyperphagie aurait pu intéresser les fabricants de scaphandres urbains dans lesquels je rêvais de me dissimuler, mais il n'en fut rien : je me trouvai tout bêtement repérée par des gens qui évoluent dans les milieux de la mode et de la télé.

Il faut reconnaître que j'étais un phénomène intéressant, un défi aux lois de la pesanteur et du culte ambiant pour les corps taillés dans des bâtons de sucette : je devais peser dans les cent trente kilos à peu près. Cela sans honte ni goût de la provoc', puisque je m'arrangeais pour l'ignorer en ne montant jamais sur une balance. Du coup rien ne m'aurait signalé cette différence si de temps à autre, dans les boutiques des Halles, les vendeuses ne m'avaient lancé d'un air contrit, hargneux ou éberlué : « Désolée, madame, mais nous ne faisons pas la taille 60 ; nous nous arrêtons au 42. » Ces parties de lèche-vitrines n'étant que bisannuelles, je ravalais aussitôt l'affront rue Montorgueil, dans la première pâtisserie turque venue.

Loin d'en être réfrénées, mes ardeurs pantagruéliques s'en trouvaient presque confortées.

Ce qui ne m'empêchait pas de réussir un troisième cycle de philo dont je n'étais pas peu fière. Et je revenais justement de la fac de Nanterre, au début de l'an 1991, lorsqu'une jeune femme m'aborda à la sortie du métro pour me dire :

– Ça vous plairait, de faire des photos de mode pour un très grand magazine haut de gamme ?

– Et ma grand-mère, c'est la reine d'Angleterre ?

– Non, sans blague... Regardez : mon nom est dans le journal, ajouta-t-elle en me montrant des vues qu'elle y avait signées. Alors réfléchissez et appelez-moi.

Ni plus, ni moins. La fille avait déjà tourné les talons et la balle était dans mon camp.

Quand bien même une petite voix me susurrait que c'était cousu de fil blanc et que cela avait peut-être quelque chose à voir avec la traite des Blanches, je ne parvenais pas à ne pas prendre sa proposition très au sérieux. J'en parlai à mon bonhomme qui me sourit gentiment. Parce qu'il sourit toujours, et qu'il est toujours gentil. Résultat, j'ai appelé la fille en question. Et c'est ainsi que je me suis retrouvée dans le midi de la France, devant les flashes et les sunlights, mitraillée sous toutes les coutures comme un top-model de chez Dior.

Évidemment, j'ai gardé de cette semaine-là et de cette photographe de mode l'un des plus doux souvenirs de ma vie. En huit jours elle m'a fait tout comprendre et admettre : que j'avais un corps, que je n'étais pas faite comme les autres, que ma corpulence était aussi drôle qu'étonnante, qu'il fallait que j'en joue et qu'avec la gouaille naturelle qui était la mienne ce ne serait pas trop dur.

Pour la première fois de mon existence, quelqu'un m'avait rendue jolie, féminine. J'étais coiffée, maquillée, pomponnée, on prenait soin de moi comme d'un vrai mannequin, et ça me donnait une force qui aurait fait passer Monsieur Muscle pour un joyeux rigolo. Être grosse était devenu en huit jours de temps – grâce à cette jeune femme – la chose la plus « magique » du monde. Parce que la grosseur n'avait pas encore fait irruption dans la pub et dans les pages de papier glacé du début de ces années quatre-vingt-dix, et parce qu'au nom de cette rareté cela ne pouvait qu'être chic aux yeux des rédactrices de mode, lesquelles n'en sont jamais à un paradoxe près.

Après cette semaine passée à être papouillée et à poser, je suis repartie orpheline de l'énergie qui m'avait été insufflée mais forte à tout jamais de l'enseignement reçu : « Tu es belle, personne ne le sait, mais tu vas voir, ça va changer. » Et aujourd'hui encore, bien que des océans nous séparent, je pense que cette photographe a été ma providence, la seule qui ait jamais animé le gros Babar de chiffon que j'étais depuis vingt-neuf ans.

Dans l'ignorance où je restais jusque-là de mon obésité, il est vrai que je m'habillais de grandes salopettes en jeans et de tee-shirts roses avec boucles d'oreilles de pacotille et rouge à lèvres assortis. Mieux : quinze ans avant tout le monde je portais des Doc Marten's à fleurs et des chaussettes toutes molles. Cheveux et lèvres noir de jais, j'affichais un look punk-funk à ma façon, c'est-à-dire hybride et iconoclaste, acidulé comme un bonbon anglais. Mais seule la spécialiste du clic-clac Kodak avait su mettre en lumière tout ce qui me distinguait *a priori* de la tribu ou plutôt de la mouvance où évoluaient les gens de mon âge.

*

* *

Je ne courais pas après les garçons, avec lesquels je n'avais d'ailleurs aucun succès. Et pour cause. Je me contentais donc de rechercher une sorte de Woody Allen à la petite semaine qui m'aurait fait office de « père-psy-pote », tout en adorant frénétiquement les travestis (la preuve, j'imitais parfaitement Michel Serrault dans *La Cage aux folles*).

Mon entourage aurait pu sembler désertique à beaucoup de filles de ma génération, moi il me ravissait. Je partageais les temps de loisir que me laissait mon estomac entre mon bonhomme – sur lequel je veillais jalousement – et mon ami, mon seul et si cher anorexique prénommé Sébastien.

Lui et moi, d'une certaine manière, nous sommes embarqués sur le même navire depuis nos quinze ans, et chaque année nous fêtons l'anniversaire de notre rencontre comme s'il s'agissait de commémorer un mariage.

Tout ce qu'il dit, fait, pense, je le partage pleinement avec lui et lui avec moi. Même si quelquefois l'on n'est pas d'accord sur tout, on ne le reconnaîtra pas, parce qu'on est le ticket et le parcmètre, le Big Mac et la sauce chili, « Nova Mag » et Canal Jimmy.

Bref, jamais sans mon pote. Pourquoi ? Parce qu'on a la même chose, pardi ! Des estomacs contrariants, exigeants, odieux, qu'à défaut de dompter nous n'avons pu apprivoiser et auxquels il nous a fallu tout céder, de guerre lasse.

Lui, son estomac ne veut rien entendre, rien voir, rien assimiler ni digérer. Tout ce qu'il demande à son propriétaire, c'est qu'il lui foute la paix. Et ce dernier ne lui donne rien à manger, comme ça il est tranquille. Sauf qu'il y a des jours où, de faire un mètre quatre-vingt-cinq pour cinquante-sept kilos, ça ne vous facilite pas les choses.

Moi c'était tout pareil dans l'autre sens, car on ne prend pas toujours son pied à être boudinée de partout dans des jeans taille 58. Mais bon, comme dirait le poète, on ne se voit que dans les yeux de l'autre, et quand l'autre fait cinquante-sept kilos ça va plutôt bien. Du moins jusqu'au jour où l'on passe au stade conscient. Ce jour-là on devient une grande dans sa tête – on s'affirme – et on se regarde pour la première fois telle que l'on est.

Dans mon cas je n'oserais dire que la chrysalide est devenue papillon, mais ça m'est arrivé à l'âge de trente ans. Et cela m'a fait très peur. Je me suis vue en train de dégainer une espèce de rubrique télévisée aussi incohérente que tardive par un beau soir de l'été 1995 quand le déclic s'est produit. Quoi ? C'était moi, cette espèce de pachyderme échoué derrière le gentil Gérard Holtz ? Moi, cette masse affreuse, visqueuse, difforme, débordante, engluée ?

Il fallait pourtant se rendre à l'évidence et affronter la réalité, bien qu'elle fût particulièrement crue et déprimante. Là-dessus la petite voix de ma conscience – un genre d'ange gardien – a résonné dans ma tête. Son verdict était sans appel et pouvait se résumer dans cette phrase :

« Arrête immédiatement de bouffer. »

Point barre. Et pas de perche tendue, pas de déculpabilisation à quatre sous, pas de prétexte pour reporter l'échéance à plus tard. Séance tenante il fallait que je maigrisse, que j'arrête de me mentir, que je devienne ce que j'avais toujours rêvé d'être sans jamais me priver pour y arriver, au lieu d'une sorte de Kate Moss de bazar.

Je m'y suis mise sur-le-champ. D'abord en laissant ma petite voix me dicter totalement la conduite à tenir, ensuite en ne me gênant plus pour dire à mon entourage que j'étais hyperphagique et que je voulais maigrir.

Il y avait du boulot, mais avec l'aide de la médecine moderne j'étais sûre d'y parvenir. Si elle réussissait à remplacer des blocs cœur-poumons, elle était bien capable de m'enlever l'aspirateur que j'avais dans l'estomac pour faire de moi une fille toute neuve. Autrement dit une fille normale, sans bouées de sauvetage tout autour du corps, autre chose qu'une montagne de bourrelets exhibée sur les petits écrans comme *Elephant man* dans les cirques. Surtout que dans mon cas ce n'était pas vraiment David Lynch qui m'avait mise en scène, juste un producteur qui, à défaut d'avoir embauché une négresse à plateaux télé, s'était dit : « Avec une grosse, au moins on ne pourra pas me reprocher de ne pas flatter les minorités. » Voire de respecter une sorte de quota en la matière.

D'ailleurs, les meilleures plaisanteries étant les plus courtes, le phénomène très cathodique un temps incarné par ma peu orthodoxe personne s'est aussi rapidement essoufflé que le public qu'il était censé amuser.

*
* *

Donc je voulais maigrir. Restait à choisir la méthode, la thérapeutique la mieux indiquée.

Eh bien vous me croirez ou pas, mais dans la vie, quand je veux vraiment quelque chose, je l'obtiens souvent. Secret maison : ma petite voix. Celle de ma conscience. Il a suffi qu'elle se fasse entendre d'un ami, sur une plage, pour que celui-ci me donne l'adresse du Centre d'amincissement des Champs-Élysées... dont il était, comme par hasard, l'attaché de presse attitré.

Rendez-vous fut pris dès mon retour. En plus je me trouvais en grande forme : me préparant à une diète implacable, je m'étais déjà entraînée à bannir la fondue savoyarde de mon régime. Faut dire que le thermomètre affichait facilement les 30° C à Paris, cet été-là, et que la fondue ça pèse même sur l'estomac des plus grands trappeurs.

Coup de chance, cette première démarche fut couronnée de succès. Je m'étais faite belle, j'ai été brillante. Du haut de mon quintal presque et demi, je me suis vu expliquer à deux patrons que non seulement j'allais perdre cinquante-cinq kilos en un an, mais qu'en plus – grâce à mon aura médiatique (je ne craignis pas d'en rajouter) – je leur assurerais une pub d'enfer. Moyennant quoi, cela va de se soi (et encore mieux en le disant), je ne leur paierais pas mon traitement.

Ils furent si surpris par mon assurance qu'ils ne pipèrent mot. Pourtant, ce que je leur proposais, c'était « mission impossible ».

Eh bien justement, c'est là que j'ai été bonne. Je ne leur ai pas dit que j'étais sûre de maigrir parce que ma petite voix l'avait décidé, je les ai convaincus que grâce à leur méthode révolutionnaire et à leur talent pour me mettre à l'aise – sans jamais me culpabiliser – ça ne pouvait pas rater. Tout ça parce qu'ils étaient des gens formidables.

La flatterie ça marche toujours, surtout sur de jeunes patrons. Lesquels, séance tenante, m'ont soumise à l'appréciation de la toubib du Centre.

Son diagnostic fut bien évidemment plus mesuré que mon tour de taille : à l'en croire, maigrir de trente kilos dans un premier temps serait déjà une prouesse dans mon cas. Foutaise ! J'allais en perdre cinquante-cinq, je le savais, et puisqu'elle osait se montrer sceptique je préférais ne plus avoir à la fréquenter par la suite : elle me saperait par trop le moral.

Non, pour gagner mon pari il fallait que je m'entoure exclusivement de gens dont je savais qu'ils croyaient en moi. Les deux boss du Centre, mon ami attaché de presse et mon alter ego anorexique qui, tandis que je fondais comme beurre frais des Charentes dans un garde-manger exposé plein sud, suivait un régime pour se requinquer vaille que vaille.

Le principe des vases communicants, en quelque sorte.

*

* *

Un an plus tard, jour pour jour, j'avais bel et bien perdu cinquante-cinq kilos. Par quel miracle ? D'abord c'est simple comme *ciao* : un plan alimentaire plus que draconien interdisant sucres rapides, alcools, farineux à répétition (on ne se gave pas de spaghettis mêlés de riz),

21

sans oublier l'extermination totale de toute matière grasse. Plus un soupçon de graisse d'aucune sorte.

Sans gâteaux, sans chocolat, sans fromage, sans pâtes, sans viande de bœuf, sans vin ni whisky, sans beignets ni frites et crêpes, c'est vrai qu'on maigrit. J'en avais rêvé, le Centre l'a fait : un an de bouillon de poireau, de fenouil, de salade cuite, d'endives sans jambon ni béchamel, de kiwis pour les aphtes et de galettes de riz pour bouchonner l'estomac, croyez-moi, ça change tout.

Mais ce n'était pas que cela : trois fois par semaine, deux ans durant, j'ai dû en outre aller me faire enrouler de la tête aux pieds, c'est-à-dire momifier trente minutes dans des bandages trempés de camphre, d'alcool et de menthol. Le tout appliqué sur mon petit bidon totalement gelé.

J'ai failli finir en Hibernatus, mais cela en valait la peine. Car au bout du compte, j'ai été payée de retour : je suis devenue une grande fille bien dans sa peau.

Une fille qui redécouvre la vie d'un œil complètement neuf. Une gazelle qui gambade et saute de joie avec légèreté. Une nana qui porte du 42, des jeans 501 bien remplis mais pas trop, et qui joue les journalistes qu'on commence à prendre au sérieux. Une championne toutes catégories dont on salue l'exploit homérique par quelques formules éculées : « Quelle volonté ! Quel courage ! Elle ne craque pas ! Une nouvelle vie commence ! Qui l'eût cru ! », jusqu'à « On se doutait bien qu'elle changerait » en passant par « Il n'y a pas de gros heureux dans leur peau » et « Le martyre de l'obèse ».

On a tout dit et on pouvait tout écrire sur moi, mais comme mes bandages cela me laissait complètement froide, imperméable aux éloges de certains comme aux sombres pronostics de quelques autres. N'en déplaise à ces derniers, depuis septembre 1995 je tiens le coup. À peu près. L'aiguille de ma balance oscille invariablement entre soixante-treize et soixante-quinze kilos pour un mètre soixante-quinze. Pas de quoi devenir une gravure de mode, mais quand même, quel changement !

Cela dit, même si jamais je n'ai totalement flanché, ce fut un chemin de croix. L'ayant décrit dans *Journal d'une grosse repentie*, je n'y reviendrai pas. La méthode que j'ai suivie est elle-même devenue un livre, *Maigrissons ensemble,* lequel a encouragé d'autres femmes à vaincre ces bourrelets qui leur gâchaient l'existence. Malgré ces deux ouvrages, néanmoins, il est encore bien des choses que je n'ai pas avouées, et des choses pourtant essentielles.

Oui j'étais obèse et j'ai maigri. Oui c'est difficile, mais n'importe qui peut s'en sortir avec de la volonté et si le déclic se produit. Oui je fais des « journées portes ouvertes » deux jours par mois dans les centres, comme je m'y étais engagée, pour écouter et donner du courage à celles et à ceux qui en ressentent le besoin.

Il n'en demeure pas moins vrai que remporter une pareille victoire sur soi-même n'est pas gagner la guerre. Reste l'insidieuse tentation de tous les jours. Ces jours où l'on est à deux doigts de céder, où l'on pense ne pas tenir jusqu'au soir sans avoir avalé douze douzaines d'escargots et trois saint-honoré. Ces moments-là sont d'une violence terrifiante pour tous ceux et toutes celles qui comme moi, pratiquant l'abstinence, se sentent toujours en sursis. Ne dit-on pas « qui a bu boira » ? Mais que celui qui n'a jamais repris de mousse au chocolat nous jette la première cerise posée sur le gâteau !

Je sais de quoi je parle, car chez moi le risque de rechute est aggravé du fait qu'il pourrait avoir de terribles conséquences. Si j'ai été aussi grosse c'est bien sûr que je dévorais, et si je dévorais ce n'était pas pour le plaisir de manger mais parce que j'étais hyperphagique.

Et il s'agit là d'une maladie.

*

*   *

J'ai fait beaucoup de chemin, mais ma petite voix ne m'a pas lâchée pour autant. Il lui arrive même de pousser le bouchon assez loin, par exemple lorsqu'elle me demande :

« Es-tu plus heureuse d'avoir maigri ? Qu'est-ce que ça a vraiment changé pour toi, à part la taille de tes jeans ? Vis-tu avec Georges Clooney ? »

Une chose est certaine, le bonheur n'est pas plus évident que le beurre en broche. Bon, d'accord, il ne faut pas négliger les petits plaisirs de la vie ; entrer dans un « décrochez-moi ça » et en repartir dix minutes après avec un chemisier qui tombe impeccablement, ce n'est déjà pas si mal ; grimper les escaliers quatre à quatre sans s'essouffler et travailler quinze heures par jour sans avoir les jambes en coton, la tête en plomb ni l'estomac dans les talons, c'est encore mieux. Mais, pour le reste, un régime n'est qu'un régime.

Moi qui vous cause je paie toujours mes impôts et mon bonhomme revient de plus en plus tard, « rapport à sa nouvelle boîte qui lui demande de se défoncer », traduisez je me retrouve toute seule devant la télé sans avoir le recours de vider le frigo pour combler le manque qui en résulte. Aucun Georges Clooney, David Charvey, Ron Moss, Cameron ou Hugh Grant de Prisunic ne m'a enlevée en me disant qu'après la Joconde j'étais la plus belle. Nib de nib, rien à se mettre sous la dent de ce côté-là. Même ma carrière télévisuelle n'a repris qu'un élan modéré, puisque hormis mes deux rubriques aux « Beaux Matins » c'est le désert Mojave.

Avant j'étais trop grosse, maintenant il paraît que je suis comme tout le monde. Bientôt on me dira que je suis trop vieille. Le pied, quoi !

Non, le plus beau de mon affaire a été de me pousser à l'écriture. Le repli sur soi pour aller mieux aux autres, croyez-moi, on y prend goût. Pourtant ça me coûte, ce n'est jamais facile de dire de quoi l'on souffre. Surtout de parler de surcharge pondérale et de régime amaigrissant dans un monde où un humain sur deux souffre de malnutrition, sans compter ceux qui se font massacrer et ceux qui n'ont pas les moyens de se soigner. Et pourtant, au nom de tous les miens, les toxicos de toute chapelle – vin, drogue, médicaments, boulimie, anorexie, que sais-je encore –, j'ai éprouvé le besoin d'aller plus loin, afin de les inciter à décrocher une fois pour toutes et à ne jamais lâcher le bon bout.

Ne serait-ce que pour rendre à tous ceux qui m'arrêtent dans la rue – ou qui m'envoient des lettres – leurs encouragements et leurs témoignages d'affection. Car je suis faite à leur image, comme leur propre reflet dans un miroir.

Chapitre 1

Le chat et la souris

Fin janvier 1997. Je ne tiens pas en place, je me sens toute frétillante. Bon sang ! Je ne sais pas ce que j'ai, moi, mais qu'est-ce que ça va bien !

Je sors du Centre où je continue d'affiner ma silhouette et où, deux jours par mois, je vais également soutenir des candidates à l'amincissement qui me racontent leur martyre, déchirées qu'elles sont entre l'idée de craquer pour du saucisson ou pour du chocolat. Craquer ? Et puis quoi, encore ? S'il y a bien quelque chose que je ne leur passerai pas, c'est leur envie de remettre ça.

C'est vrai, quoi ! Le Centre ce n'est pas gratuit, et la décision d'éliminer leurs bourrelets elles l'ont prise. Alors pourquoi jouer au tango avec leurs kilos, deux pas en avant je fonds, un en arrière je me fais un jambon-beurre ? Vaille que vaille j'essaie de leur expliquer que leurs efforts ne seront couronnés de succès que si elles ont de la suite dans les idées. Il n'y a que comme ça qu'elles peuvent espérer atteindre le stade de la stabilisation.

La *stabilisation*, c'est ce que je vis depuis seize mois maintenant, la disette dans l'assiette et l'entente cordiale sur la balance. Eh oui, car je m'occupe aussi de mon corps à moi. Il a perdu la plus grande partie de son superflu, mais si jamais je repiquais au Poilâne-cantal il se vengerait en restockant illico tout ce dont je le prive depuis presque trois ans.

Donc ceinture, rien, nada, hormis le sempiternel bouillon de poireau et le blanc de poulet. Leur odeur imprègne ma cuisine et jusqu'au col de mes chemisiers.

Ça ne fait rien, parce que tout va bien pour moi. Je cours comme une gazelle le long du Palais-Royal, traverse le Louvre en contournant la pyramide puis franchis la Seine pour rejoindre la rive gauche, légère, alerte, rapide. Le ciel est bleu, mon âme sans nuage et quand je virevolte sur le pont des Arts, on me remarque. Manquerait plus que ça, que je passe inaperçue après trois ans de fenouil !

Je respire à pleins poumons, ne perds rien du spectacle des bouquinistes à l'affût du client ni des chauffeurs de taxis en maraude. Un rien m'amuse, je ris toute seule.

Bref, je vais bien.

Au fait : ça nous met à quelle heure, cette fin de réunion aux Champs-Élysées ? Quinze heures quarante-cinq seulement ? Bizarre, j'aurais juré qu'il était plus tard. Ah oui, je sais pourquoi. C'est la faute du Centre. Ils ont une manie : ils ne nous proposent que des choses froides, des petits canapés de surimi et de radis noir dont la seule évocation me donne des aphtes. Pourtant j'ai bien dû en prendre une vingtaine, et compenser en buvant un litre de thé vert. Mais rien à faire, j'ai les boyaux gelés et l'irrépressible impression de crever de faim.

Cela pourrait peut-être s'arranger ? Tiens, je vais compter combien ça fait de calories, le radis noir au surimi. Même si la composition de cet ersatz de poisson ne va pas sans colorants ni additifs rien moins que naturels, j'ai beau tourner et retourner le problème dans ma tête, avec l'œuf dur et le yaourt à la vanille que j'ai avalés à midi le bilan de l'opération est de six cent cinquante calories. Du coup, d'ici sept heures du soir – heure bénie entre toutes –, je n'ai plus droit qu'à une pomme et à une tranche de pain complet.

Pour ne plus y penser, je reprends ma promenade au pas de charge, une bonne manière d'entretenir les muscles longs que je me suis fabriqués et qui commencent à saillir sous mes jeans 501. Seulement voilà : j'ai beau sentir la sève remonter dans mes veines et se faire l'annonciatrice d'un printemps où je ne devrais pas m'ennuyer, ça ne me suffit pas. J'ai toujours un aspirateur dans l'estomac, un turbo-broyeur qui n'a plus rien à se mettre sous la dent et qui continue de réclamer sa pitance. Ou bien c'est moi qui me fais des idées.

Tiens, pour en avoir le cœur net, je n'ai qu'à m'arrêter de marcher aussi vite, m'asseoir sur un banc du Boul-Mich et reprendre mon souffle.

Aussitôt dit, aussitôt fait. Et revoilà ma petite voix qui se pointe sur l'instant :

« Dis donc, t'as vu les gamines qui sortent du lycée ? C'est vrai qu'on est toujours jolie quand on a dix-sept ans, même attifée comme un sac poubelle... Bon, d'accord, mais en attendant leur visage ne manifeste aucun autre tourment que l'angoisse de rater leur premier rendez-vous amoureux. Avec leur écharpe qui vole dans la brise glacée et leurs cheveux qui s'en mêlent, elles sont belles, elles sont la vie. Tandis que toi, c'est vrai que tu as bien maigri, que tu portes les mêmes jeans et les mêmes chaussures de chantier et que t'attends toujours le prince charmant. Sauf que ça se voit, ma poule, que tu as trente-trois balais ! D'abord au front, et puis aux joues surtout : ça c'est creusé, affaissé, et maintenant t'es ridée, « marquée » comme diraient ton anorexique et ta mère. La différence, ma petite Sonia, c'est pas les kilos, c'est la jeunesse. Alors attention, ma vieille. Rien ne sert de courir après le temps perdu – et perdu pour de bon –, encore faut-il ne pas devenir l'une de ces vieilles connes qui font de l'effet quand elles sont vues de dos et peur quand elles se retournent. »

OK. Aucune paire de Kicker's ne me rendra jamais mes dix-sept ans, et je m'en fous. Ce qui compte pour l'instant c'est qu'il est déjà seize heures trente, que j'ai rendez-vous au Flore et que je vais pouvoir me commander quelque chose, histoire de gagner du temps sur le temps.

*

*   *

– Un thé, monsieur, s'il vous plaît. Avec du citron et du miel.

Ce n'est pas de la gourmandise, c'est pour faire taire ma petite voix. Et puis le miel j'y ai droit. Alors basta. Cela dit, si ma commande pouvait ne pas traîner, cela me désangoisserait.

Heureusement pour moi, au Flore, le service ne lambine pas. Maintenant la ruse consiste à prendre un peu de miel, à le touiller et à lécher le dos de la cuiller chaque fois, puis à renouveler l'opération le plus souvent possible.

Vicieuse oui, gourmande sûrement pas.

Une gorgée de thé, un peu de miel, et vas-y que je recommence. J'écoute à peine ce que me raconte ma copine. Elle en est à égrener les noms – tous plus surréalistes les uns que les autres – des personnes soi-disant pressenties pour remplacer Philippe Gildas, à la rentrée, sur Canal +.

De temps à autre j'opine du chef, ou lève le sourcil gauche d'un air intéressé. Ça suffit pour faire semblant de participer à la conversation. Dans l'intervalle je plonge et replonge méthodiquement ma cuiller dans le pot. En fait, je ne pense qu'à ça.

C'est sucré, parfumé, onctueux, tiède, et quelle délicieuse sensation quand ça me glisse sur la langue et le palais avant de couler dans ma gorge ! Je m'y livre tout entière, concentrée et passionnée au point de devenir moi-même abeille, reine de la ruche et pot de miel.

Mais comment faire durer le plaisir le plus longtemps possible ? Et comment m'y prendre pour que ma copine ne s'aperçoive pas, à la longue, de mon manège ?

J'ai trouvé. Faire une pause. Prendre le temps de fumer quatre cigarettes, et remettre ça juste après parce que le miel et le tabac ne font pas très bon ménage sur les cordes vocales.

– Revoudrais-tu un peu de thé, Sonia ? me demande très civilement mon amie.

– Volontiers.

– Toujours avec du miel et du citron ?

– Oh oui, bien sûr.

Là, je ne sais pas ce qui me passe par la tête : j'attrape des doigts les trois rondelles de citron qui surnagent au fond de ma tasse et les gobe d'un coup, peau comprise.

Ma copine m'observe d'un air passablement interdit. Il faut que je dise tout de suite quelque chose pour la rassurer.

Je ne sais pas, moi. Ah si, genre :

– Excuse-moi, Adèle, mais je n'ai jamais su me tenir à table. Ma mère me le dit tout le temps.

– Je t'en prie, tu plaisantes…

Elle doit me prendre pour une barge. Ou bien elle a tout compris, ce qui serait encore pire. Mon Dieu, qu'est-ce que je pourrais inventer pour m'en sortir ?

J'ai trouvé, je vais faire ma capricieuse :

– En fin de compte je n'en peux plus, du thé. À force, ça me fait une espèce de précipité dans l'estomac. C'est vraiment pas croyable ce que l'eau chaude peut peser lourd, presque autant qu'une choucroute...

Ni vu ni connu, pendant ce temps, je planque le mini-pot de miel vide derrière la théière. Adèle s'aperçoit d'autant moins du forfait que, au même instant, elle laisse tomber son sachet de thé sur son pull en angora. Et la voilà qui étale la tache en essayant de la faire disparaître avec un peu d'eau. Pour elle, c'est la cata. Pour moi, l'honneur est sauf.

Mais ma petite voix, cette empêcheuse de tourner en rond, ne partage pas vraiment cet avis.

«J'espère que tu es consciente, me susurre-t-elle, qu'elle te prend pour une folle. Tu as léché quarante-deux fois ta petite cuiller enduite de miel ! Tu veux que je te dise tout de suite combien ça te fait de calories ingurgitées, ou tu préfères le calculer en consultant ton agenda minceur dans le taxi ? »

Pour couper court, je regarde l'heure et lance à ma copine Adèle :

– Dis donc, il est déjà sept heures du soir ? Bon, faut que j'y aille, sinon mon bonhomme sera arrivé avant moi. Ça m'a fait plaisir de te voir et on se refait un petit tour de pia-pia quand tu veux, mais je t'embrasse et *ciao*...

Le temps de lui sucer la pomme et hop dans le taxi, direction la maison et le réfrigérateur. Sauf qu'entre-temps, sur le palier, je tombe sur ma voisine. Il me faut cinq bonnes minutes pour m'extraire de ses griffes. Si je n'étais pas complètement désarmée, je la mitraillerais sur place.

Pourquoi je hais ma voisine

Pour bien vous convaincre qu'elle est souverainement injuste, la vie vous en met régulièrement une preuve vivante sous le nez : une collègue de bureau particulièrement pimbêche, l'ex-petite copine de votre conjoint, ou tout bêtement votre voisine. Souvent, quand vous tombez dessus, il est déjà trop tard : vous êtes coincée. Il faut vous soumettre ou faire avec.
Moi, mon calvaire, c'est ma voisine. Elle mesure un mètre soixante-dix, pèse cinquante-six kilos et affiche trois ans de moins que moi au compteur : elle me le rappelle chaque fois que je la croise devant les poubelles.
Elle non plus, elle ne trompe pas son mec. Enfin... qu'elle dit ! Elle ne fait que « butiner », « tester », « comparer ». Bref, elle ne connaît pas la disette de la couette.

Dans la vie, en vrai, je la déteste parce qu'elle sait se vernir les ongles des doigts de pied en écartant les fesses. C'est injuste et dégueulasse, mais il n'y a pas d'article de loi pour réprimer ça.
Elle a un beau métier : fille à papa avant le 15 du mois, fille à maman le reste du temps. Et pour que rien ne se perde, le 21 elle organise une grande vente de fringues neuves dont elle ne veut plus. Si vous entrez dans du 38 et n'aimez que le vert anis, je vous donnerai l'adresse. Mais le pire, c'est sa conversation. Exemple de ce qu'elle est capable de vous dire, accompagné de ce que je voudrais lui répondre mais que je préfère garder pour moi :

– Dis donc, Sonia, il y a un truc que je ne comprends pas : quand je mange de la glace Haggen Däzs pour me venger du départ de mon mec, je gonfle. Mais si je la mange avec mon nouveau petit ami je ne prends pas un gramme. Ça ne serait pas surtout psychologique, les calories ?
Je voudrais bien que tu me le présentes, ton nouveau petit ami.

– C'est vrai, que l'aspartam est mauvais pour le cerveau ?

Juste pour ceux qui en ont un.

– Dis donc, t'aurais pas un problème avec ton bonhomme, ces temps-ci ? Parce que je le croise de moins en moins souvent dans la cour...
Tu sais, il y a des gens qui doivent travailler, dans la vie. Et puis il y a ceux qui les regardent travailler...

– Dis-moi, comment tu me trouves habillée, aujourd'hui ?
Parce que t'es habillée ?

– Tu manges encore du poisson, ce soir ? Pourquoi t'en prends si souvent ?
Parce que c'est plein de phosphore et que c'est bon pour les neurones. Si l'on en a.

– Moi, je pèse le même poids qu'à vingt ans. Et toi tu pesais combien, à cet âge-là ? Ah oui... je suis bête.
Non : pour une fois, t'es lucide.

– Chez nous, dans ma famille, personne n'a jamais eu de problème de poids. C'est même mieux que ça, parce qu'on a la taille de guêpe héréditaire.

Faut bien avoir un bagage dans la vie, ma chérie...

— C'est marrant, je croyais qu'en mincissant tu changerais de look. Mais non, t'es vraiment un garçon manqué.
Et toi pas la moitié d'une fifille.

— Dis donc, si ça se trouve, ton bonhomme va avoir envie de te faire un enfant !
Et toi, si t'es encore plus mince, t'auras des jumeaux ?

— Pour réussir un bon régime, qu'est-ce qu'il faut que je supprime ? Les sucres lents, les graisses, ou le bon vin ?
Rien. Surtout avant de te coucher. C'est à cette heure-là que le corps en profite le mieux.

— S'il y a un truc qui me fait suer, chez mon mec, c'est qu'il n'a jamais faim. Il a horreur de manger, c'est gai !
Tant que tu ne lui fais pas horreur, toi, profites-en.

— T'aurais pas un truc, pour que je fonde d'ici ?

– D'où ?
– De là.
C'est vrai que de la tête tu ne risques rien.

– Sonia, est-ce que tu pourrais m'expliquer pourquoi je grossis quand j'ai les nerfs en boule ?
Bah tiens, ma chérie, parce qu'ils prennent plus de place !

– Tu vois, moi, quand je craque, c'est sur le sucre. Je ne sais pas pourquoi…
Parce que tous les grands intellos dans ton genre ont besoin de sucre. C'est d'ailleurs pour ça que tu es en deuxième année d'esthéticienne à trente ans.

– Je suis jolie, jeune et pas con. Tu crois que j'ai mes chances, à la télé ?
Au prochain changement de décor, si la potiche est toujours tendance, pourquoi pas ?

– Mais pourquoi tu n'as pas maigri plus que ça, Sonia ? Tu t'es fixé comme objectif d'en rester là ?
Ne parlez surtout pas à son QI, sa tête est malade.

À peine ai-je réussi à refermer ma porte que, n'y tenant plus, je me précipite dans ma cuisine. En un tournemain je déballe le poulet, le jette dans le plat, le oint d'huile et claque la porte du four. Mais en attendant qu'il soit cuit, qu'est-ce que je vais bien pouvoir faire pour tuer le temps ?

Primo dresser le couvert, ce sera toujours ça de gagné avant de passer à table.

Ce soir je joue le service orange. Le tout ne me prenant pas plus de cinq minutes, alors je jette un coup d'œil à la télé. C'est l'heure des Guignols. Curieux comme ils ne me font plus rire, depuis seize mois. Mais ils n'y sont pour rien. Ce qui a changé, c'est ma façon de voir les choses. Avant, je manquais d'avaler de travers et d'étouffer de rire en les regardant. Maintenant j'ai mon estomac qui réclame sa dose, et il faut que je le tienne en laisse jusqu'à vingt heures trente.

Dans de telles affres, ni les marionnettes ni la lecture du *Monde* ne peuvent tromper ma faim. Alors, à défaut de pouvoir me distraire, je vais aller me peser pour voir si le petit pot de miel de cet après-midi a vraiment eu des conséquences désastreuses.

Seulement un kilo de plus que ce matin ? Pas la peine de se mettre la rate au court-bouillon : le stress de la journée et les litres de thé que j'ai bus en sont forcément responsables pour une grande part.

Autant dire que ce kilo supplémentaire est très provisoire et aura disparu dès demain au lever.

Puisque c'est comme ça, pendant que j'y suis, je vais m'autoriser un écart avant le poulet. Pas Byzance : le truc qu'on ne sent même pas mais qui cale. *Grosso modo* trois... enfin quatre... allez, cinq tartines de pain aux noix et aux pruneaux. Mais des toutes petites, avec plein de trous d'air dedans ! Pas de quoi faire du gras : juste trois cent cinquante calories. Comme toutes les filles du monde qui, à la même heure, guettent l'arrivée de leur bonhomme en crevant la dalle depuis le matin.

Toutes ?

Ça y est, la voici la voilà. La petite voix de ma conscience revient me titiller.

« Toutes ? Bien sûr. Mais sûrement pas les filles de chez Bonaldi ni celle de la météo... T'as vu les canons ? Normal ! Elles, elles se tiennent à une hygiène de vie parfaite. Tu crois qu'elles picolent ou qu'elles goûtent des tripes à cinq heures ? Non : juste une omelette à deux œufs le midi, et trois endives braisées le soir. Exactement ce que tu as réussi à faire jusqu'à maintenant – je te le rappelle – et que tu oses encore conseiller aux autres. »

Comment ça ? Qu'est-ce qu'elle insinue ? C'est pas pour quelques tartines et une cuillerée de miel qu'elle va me gâcher la soirée, quand même !

« Non, c'est vrai, t'as raison, admet-elle. C'est pas ça qui m'ennuie, quand je te vois : c'est l'impression qu'il ne faudrait pas grand-chose pour que tu replonges... »

Je n'ai pas le temps de répondre à ces vacheries plus ou moins coutumières que mon bonhomme fait son entrée. La porte vient tout juste de claquer derrière lui que j'ai déjà posé le poulet sur la table, sans oublier la mayonnaise. Pas de l'allégée, de la vraie. Une nouvelle méthode ou diététique maison qui consiste à manger de tout un peu, mais en version normale plutôt que ces aliments appauvris qui n'ont d'autre but que de nous en faire consommer trois fois plus.

On ne mange pas, on dévore. À la vitesse de la lumière je me jette sur un deuxième blanc, l'arrache du plat avec les doigts, en retire la peau à contrecœur et l'engloutis sans autre forme de procès, sans même un verre d'eau pour faire passer.

Trois cents grammes de poulet en moins de sept minutes, j'ai l'impression d'avoir une fabrique de chewing-gum dans l'estomac.

Faut que je m'allonge et que je pousse un petit rot pour que ça se calme, si possible. Mon homme me regarde bizarrement. C'est qu'il est dans le même état que moi. Cela fait aujourd'hui quatre mois que nous n'avions pas mangé de viande, ni folle ni blanche. Histoire de voir si – sans lipides, glucides ni protides d'aucune sorte – on ne pouvait pas encore maigrir. Du flan : on n'a pas perdu un gramme de plus. Résultat, on a drôlement craqué.

Lui passe encore, mais moi je ne peux pas rester dans cet état-là. Je dois retrouver mon self-control. Pour cela, avant tout, il faut que je me repèse tout de suite. Premièrement ça va me faire peur, deuxièmement ça va me passer l'envie de bâfrer pendant un moment.

Vlan, je le savais bien. Ma balance affiche encore un kilo de plus qu'avant dîner.

– Loulou ? Je prends la salle de bains un petit moment... À tout à l'heure !

Vite la boîte magique, celle qui va régler mon problème en deux coups de cuiller à pot. C'est quoi, *ma boîte magique* ? Une broutille, trois fois rien. Elle contient six petites canules d'un produit huileux qu'on s'enfile (faut bien le dire) et hop, trois minutes plus tard – dans d'abominables contractions abdominales – on expulse en se tordant comme un ver la quasi-totalité du sac aspirateur.

La douleur arrive, mon intestin se libère et je me repèse séance tenante. Les boules : l'aiguille n'a pas bougé d'un iota. Pas un gramme de moins. Rien. Voilà un truc que je ne peux mathématiquement pas comprendre. En tout cas je vais aller me coucher en pesant deux kilos de plus que ce matin !

Je suis lentement mais sûrement en train de redevenir un éléphant de mer. C'est effroyable. Et à mesure que mes boyaux se regonflent, ma tête me saoule de questions oppressantes. Dont la plus rituelle est chuchotée par ma petite voix, comme il se doit en pareille circonstance :

« Mais pourquoi as-tu éprouvé le besoin de bouffer tout ça aujourd'hui ? »

Il n'y en a qu'un qui puisse me redonner du cœur à l'ouvrage, me rassurer, me dire exactement ce que je veux entendre mais que je suis incapable de formuler : mon bonhomme. C'est justement ce que je tente :

– Ne trouves-tu pas que j'ai trop mangé, aujourd'hui ? lui demandé-je du ton le plus détaché dont je me sente capable. Regarde là, j'ai comme un bourrelet qui roule au-dessus de mon pantalon...

– Écoute, le problème n'est pas que tu as trop mangé, il est que tu n'as pas assez mangé, me répond-il gentiment. Et si tu continues comme ça, c'est un ventre de Biafrais que tu es en train de te préparer.

– Alors explique-moi pourquoi je fais deux kilos de plus que ce matin ?

– Parce qu'on est le soir et parce que tu es gonflée de fatigue. Demain tout sera redevenu normal, tu auras retrouvé ton poids habituel.

– Mais comment cela peut-il se faire, que je perde deux kilos en une nuit ?

– Je ne sais pas, moi... en te reposant ! Et puis je vais te dire : tu commences à me fatiguer avec tes questions, et depuis un petit moment je sens que tu me gonfles aussi.

Il se fiche de moi. Comment pourrais-je perdre ces satanés kilos dans la nuit si même ma boîte magique est incapable de m'alléger ? Non, qu'il le veuille ou pas, je suis en train de regrossir. D'ailleurs c'était inévitable et prévisible, puisque je ne pense qu'à bouffer.

À force de stocker mes envies de tartiflettes, ça finit par prendre de la place !

*
*   *

Maintenant que je suis couchée, je sens bien le gras qui m'envahit de partout. Je n'ai qu'à me palper le menton pour en tenir déjà une pleine poignée. Quant au ventre, c'est à la pelleteuse qu'il faudrait en extraire la gélatine. En plus, je suis flasque comme du « slimuck ».

Ma mère me l'avait dit. J'ai voulu maigrir trop vite et rien n'a eu le temps de suivre : ni ma peau, ni mon cerveau. Tandis que l'une s'effondrait de jour en jour – surtout au niveau des bajoues –, l'autre se révoltait en brandissant toujours plus haut le fier étendard du paris-brest triomphant.

Elle avait vu juste. Elle le savait depuis le début, que j'allais rechuter, craquer, rebouffer : tel est mon destin, et chacun est prisonnier du sien.

Alors je rends les armes. Et puisque c'est déjà foutu, que de toute façon mon ventre n'a jamais repris sa forme normale, je ne vois pas pourquoi je me gênerais pour le remplir comme avant. Tout me manque tellement et j'ai tant de choses à redécouvrir que je vais m'y remettre dès demain.

Jamais plus je ne me priverai.

Par exemple, je vais me lever et me préparer un chocolat chaud. Mais du chocolat noir fondu, pur, sans le mélanger de quoi que ce soit qui puisse en édulcorer le goût.

Je le verserai dans une chocolatière d'argent puis dans une tasse toute blanche avant de le faire couler dans ma bouche. Je le sentirai d'abord napper ma langue – chaud mais pas trop – et en émoustiller les papilles comme celles d'un enfant.

Ensuite, mélangé de salive, il ruissellera dans ma gorge en piquant un peu. Car le vrai chocolat m'a toujours cassé la voix. Déjà je ne penserai plus qu'à la deuxième gorgée, et je boirai le tout jusqu'à la lie.

Accompagner cela d'une orgie de viennoiseries ? Vous n'y pensez pas ! À partir de demain, je ne goûterai plus qu'une et unique saveur à la fois. Pour en profiter pleinement, m'en repentir ensuite, jurer que je ne toucherai plus à rien et recommencer deux heures plus tard, lorsque viendra le moment de m'offrir un petit déjeuner digne de ce nom, c'est-à-dire quelque chose de solide.

Sucré ou salé peu importera, pourvu que ce soit dégoulinant sur le palais et susceptible de bien me tapisser l'œsophage.

Et puis il ne finira pas, ce petit déjeuner, parce que je déciderai de faire gras toute la journée. Un peu à la fois, mais de tout. Surtout des confits de canard, cette chair tellement exquise lorsqu'on la consomme avec sa peau. Toute ma maison sera baignée de lourds parfums et je ne m'habillerai plus, ni même ne me laverai, pour profiter pleinement et sans entrave du plaisir de manger...

Mon délire est si violent que même ma conscience reste sans voix.

*

* *

Je ne comprends pas ce qui m'arrive. Je suis totalement désemparée, éperdue. Je lutte pied à pied depuis trois ans et travaille quinze heures par jour pour être certaine de ne jamais me sentir désœuvrée, de ne point trop gamberger, de ne pas risquer un relâchement ni le moindre écart, et là, tout d'un coup patatras, ça casse. Je ne me fendille pas, je ne flanche pas, je suis submergée par une douleur effroyable et violente : il me faut ma dose de gras sinon je bute quelqu'un.

Et cela me fait encore plus mal de penser que ça va arriver, que je vais craquer, et que je m'en fous. Une chose une seule m'obsède : contenter l'aspirateur qui s'est réveillé au fond de moi et ne me laisse aucun répit. Il m'a tout sucé, digéré de l'intérieur jusqu'à faire le vide dans ma tête, et il continue de réclamer sa pitance.

Je le sais, je le sens : bientôt je ne serai plus maîtresse de rien. Je me traînerai, je ramperai et dévaliserai pour de bon mon frigo ainsi que l'armoire à provisions, ne serait-ce que pour bénéficier d'une sorte de liberté provisoire.

Non, ma tête n'a pas encore complètement flanché. Quelques neurones ont dû échapper à la grande razzia opérée par mes entrailles, puisque ma petite voix trouve encore la force de se faire entendre.

« Qu'est-ce que tu veux ? me demande-t-elle. Rebouffer, c'est ça ? Vas-y. Et bonne bourre, surtout ! Les mecs vont apprécier, et tes jeans aussi. En plus tu vas avoir l'air fin – c'est le cas de le dire – avec tout le tralala que tu nous as fait... Je vois d'ici la tête de tes amis, de tes collègues, des journalistes, des téléspectateurs et de tes lecteurs. Parce qu'il ne faudrait pas croire : tu vas regrossir quatre fois plus vite que tu n'as maigri ! Le matin, en te lavant les dents, tu n'auras même plus le courage de te regarder dans la glace, alors imagine ce que tu vas lire dans les yeux des autres, ma pauvre fille... »

Bien joué, le coup de l'amour-propre. Mais ça ne fait jamais qu'un à zéro et la balle au centre. Déjà je passe à la contre-attaque.

Parce que la belle affaire, que tout ça ! Ce qu'en pensent les autres, je m'en bats les genoux avec du myosotis. En trois ans de torture, qu'est-ce que j'y ai gagné ? Pas un mec ne s'est jeté dans mes bras. Ni Fanfan ni aucun autre. Alors à quoi bon cinquante-cinq kilos de moins si la traversée du désert de Gobi continue et s'éternise ? Si seulement j'avais un petit gars à me foutre sous la dent ! Je ne demande pas grand-chose !

Tenez, Bernard Vandstraat par exemple. Blague à part, il me branche bien. L'hiver il fait monteur de cinéma à Paris et l'été baroudeur en Afrique. Plutôt le type solitaire, taciturne, qui ne parle à personne et surtout pas aux filles, qui déteste les gosses parce que ça pue et que ça fait du bruit, et qui se pique consciencieusement la ruche tous les soirs. Oui, ça me brancherait bien, un petit plan avec le Bernard. Parce qu'il a beau être gros, il n'est pas mal foutu. Grand, brun, la mèche rebelle, et le regard… comment dire ?

« Il louche, me décoche la petite voix façon croc-en-jambe. Qu'est-ce que tu lui trouves de mieux qu'à ton bonhomme, à part cinq ans de plus et un mutisme encore plus prononcé ? Parce que cet animal est tellement passionnant que vouloir communiquer avec lui est déjà faire offense à son vécu. »

Deux-zéro, balle au centre. On va en rester là pour ce soir, surtout qu'il commence à se faire tard et que le sommeil me gagne.

Pas pour longtemps. À peine me suis-je endormie que je me réveille en sursaut, avec des sueurs froides, à deux heures du matin. Voyons, on est la nuit de mercredi à jeudi, et je n'ai encore rien préparé pour ma revue de presse de vendredi. Il faut que je me secoue, sinon je vais au casse-pipe !

Je me lève pour écrire dans l'ordre chronologique tout ce que j'ai à faire le lendemain. Lire quinze journaux et magazines anglais, puis en extraire les meilleures photos. Ensuite inventer des légendes pour chacune d'elles. Enfin, appeler au bureau des «Beaux Matins» pour savoir combien j'ai de temps pour tout raconter et m'apercevoir qu'une fois de plus je me suis défoncée pour rien.

Je m'en fous. Du moment que ça me vaut une partie de rigolade avec Olivier, l'animateur, c'est le principal. Qu'est-ce que je ne ferais pas pour l'étonner, d'ailleurs ? Si, je sais : j'arrêterais tout si, un jour, mon aspirateur prenait définitivement le dessus. Le jour où l'angoisse sera si forte que je dévorerai *La Table du chef* dans le cagibi des décorateurs avant de passer à l'antenne.

Elle a raison, ma petite voix. Si je retombe là-dedans, tout le monde va s'en apercevoir. Déjà que sur le plateau l'équipe surveille ma silhouette et suit mes allées et venues du côté du frigo... Sans compter ces femmes qui me regardent dans le poste, à qui j'ai vendu une méthode infaillible et pour lesquelles je suis un vivant encouragement : elles vont me lyncher et il y aura de quoi, je l'aurai bien cherché.

Autant dire que, avec tout ce qui me trotte dans la tête, il est inutile d'espérer me rendormir.

En me retournant dans mon lit, je vais faire la crêpe jusqu'à six heures du matin.

25 choses à ne pas me demander si vous voulez qu'on reste amis

1) T'as pas faim, t'es bien certaine ?

2) T'en veux déjà plus, de mes crêpes ? Elles ne sont pas bonnes ?

3) T'as pas bientôt fini de te foutre en l'air, avec ton régime ?

4) Avais-tu remarqué qu'on ne dit jamais « un bon maigre » ?

5) Ça ne vous dérange pas, si on mange devant vous ?

6) Pas trop frustrée, quand même ?

7) Alors, encore combien de kilos avant de toucher le but ?

8) Maintenant, on voit que vous êtes grande et que vous avez des yeux bleus. Ça ne vous fait pas tout drôle ?

9) Allez, à moi vous pouvez le dire, que vous craquez… Mais c'est plutôt sur le salé, ou sur le sucré ?

10) Maintenant que vous avez changé de peau, vous ne changeriez pas de mari ?

11) Vous le savez, que vous êtes de plus en plus jolie ?

12) Mais comment se fait-il que maintenant, à la télé, ils ne vous proposent pas quelque chose le soir ?

13) J'ai deux kilos récalcitrants sur les fesses, qu'est-ce que je peux faire ?

14) On a l'impression que ce sont surtout vos jambes qui ont beaucoup perdu.

Comment l'expliquez-vous ?

15) Quel est le nom du chirurgien qui vous a opérée ?

16) Qu'est-ce que vous pratiquez, comme sport, et combien d'heures par jour ?

17) Comment pouviez-vous savoir que vous aviez autant de volonté ?

18) Jamais déprimée ?

19) Jamais d'alcool ?

20) Et... sexuellement, qu'est-ce que vous faites de nouveau ?

21) Du côté des seins, ça ne pend pas trop ?

22) Les vergetures, ça finit par blanchir ?

23) C'est votre mari qui doit être content, n'est-ce pas ?

24) Et dans votre famille, vous êtes devenue un exemple ?

25) Vous faites des jalouses, maintenant ?

Chapitre 2

Petit salon des arts ménagers

La journée suivante se passe à préparer ma revue de presse. Réunissez des magazines, un bloc de Post-it, deux ou trois stylos et des ciseaux, avec un peu d'imagination il en résultera toujours un choix de photos bonnes à commenter d'une façon humoristique en même temps que l'avant-goût du rire du lendemain.

Au fait, ne dit-on pas qu'une partie de rire peut remplacer un bon bifteck? Je ne sais si c'est ça ou autre chose, mais pour le moment mon aspirateur reste bien rangé dans son placard à balais.

Il est vrai que je bois comme un trou. Du thé au chocolat de chez Mariage. L'habitude ne m'en a pas quittée depuis deux ans et demi.

Chaque jeudi c'est la même chose.

Gling-gling :

– Bonjour, madame. Je voudrais deux cents grammes de thé au chocolat, comme d'habitude…

– Bonjour, madame Dubois. Deux cents grammes tout rond ? Eh bien voilà, ça nous fait quarante-six francs.

– Tenez, et merci.

– Au revoir, madame Dubois !

Et je rentre chez moi, cinquante mètres plus loin, forte de mes quatre-vingts tasses d'avance de breuvage marron clair. Une boisson qui ne sent plus tout à fait le thé et presque pas le chocolat. Je m'en remplis des pleines théières de terre chinoises, ou des bleu marine recouvertes d'un cache en inox.

Il faut dire que j'ai renouvelé ma collection en déménageant. Je pensais pouvoir me dépouiller de tout en changeant d'appartement. Eh bien c'est faux, du moins avec le temps. Certes, mon chez-moi est d'abord resté d'un blanc immaculé et sans meubles, pour ne pas enfreindre la pureté de l'endroit, mais bientôt je me suis mise à racheter les mêmes choses et dans les mêmes quantités, bien que dans des matériaux différents. Désormais, par exemple, je préfère la porcelaine des Tsé-Tsé à la ferraille. Et mon nouveau quartier général se nomme le Coran-shop.

Mais la vraie raison de tout ça, j'en suis consciente, c'est ma boulimie d'achats. Il faut que j'achète vite et beaucoup. J'adore courir les rayons pour remplacer ce que je viens de donner ou de jeter.

Petite nouveauté du jour, histoire de rompre avec les habitudes : je m'autorise un morceau de sucre de canne pour une théière de dix tasses. Ça n'apporte rien de neuf, je n'en décèle même pas la présence, mais ça me vaut la satisfaction virtuelle de transgresser mes interdits alimentaires, l'impression de manger de tout. Et ça m'enivre au point que je me refais du thé pour avoir un nouveau sucre.

Si ça continue je vais finir en Didier, le chien d'Alain Chabat.

*

*   *

C'est vers les dix-sept heures trente que rien ne va plus, juste au moment où je boucle et commence d'apprendre ma chronique par cœur. Car tout à coup je me demande si pour une fois, le lendemain, je ne vais pas me gaufrer. Qui sait, peut-être aurai-je un trou de mémoire effroyable, ou que l'invité, vexé par mes propos, quittera séance tenante le plateau ?

Si une telle chose devait se produire, je ne m'en remettrais pas.

Mais qu'est-ce qui me prend ? D'où me vient cette anxiété toute nouvelle et qui va grandissant ? Je l'ignore, et pourtant la machine infernale s'enclenche. Mon aspirateur réclame soudain sa pitance et réveille ma petite voix à force de l'asticoter. Si je ne trouve pas quelque chose pour les calmer, ils vont tout me foutre en l'air.

Du côté de mon bonhomme, *a priori* rien à espérer avant un bon moment. Plus ça va, plus il rentre tard, son boulot lui dévorant le plus clair de son temps. Il a de la chance : c'est lui qui se fait manger. Moi aussi j'aimerais trouver un truc qui me bouffe, plutôt que d'être l'ogresse qui cherche quel truc elle va bien pouvoir phagocyter...

Dieu merci, chose tout à fait imprévue, mon cher et tendre tourne sa clé dans la serrure beaucoup plus tôt que d'habitude. Chic alors, je vais pouvoir dîner sans attendre. Le temps de lui dire bonsoir et de lui demander des nouvelles, je le somme déjà de passer à table, ce que d'habitude il ne consent à faire qu'après sa douche et la lecture des grands titres du *Monde*.

Ce soir, pas question de ça.

C'est bien joli, mais il ne l'entend pas de cette oreille et le ton monte très vite entre nous.

Résultat, il me plante là pour aller se brancher sur Internet. La soirée est foutue. Tant pis pour moi si, encore une fois, j'ai laissé mon aspirateur faire la loi dans notre ménage.

*

* *

Comme chaque vendredi, j'arrive à huit heures et demie avenue Montaigne. Un plaisir toujours renouvelé, car je ne me lasse pas d'exhiber un laissez-passer de la chaîne et d'avoir la possibilité de descendre à la régie du sous-sol pour humer l'ambiance du prochain journal télévisé. « Quand j'avais cinq ans je m'ai rêvé speakerine », et c'est arrivé. Jamais je ne m'y habituerai ni ne passerai trop de temps là-bas, à tout voir, à regarder les journalistes bosser, à entendre l'appel général de la conférence de rédaction du treize heures.

Porter mes photos au banc-titre me hisse au rang de pro. Je me rengorge littéralement, fière comme un paon. Puis je reprends l'ascenseur et reviens dans le décor de sitcom où nous évoluons depuis des années.

Quand j'aperçois Olivier, je sais que pour un peu plus de deux heures je vais aller bien. Et puis il y a les autres, tous les autres : je les aime tant que mon cœur déborde, à défaut de remplir mon sac aspirateur. Grâce à eux, je travaille à la télé comme dans un rêve.

Deux heures plus tard, rideau. Un rapide debriefing que je suis distraitement succède à nos différentes prestations. Je ne pense plus qu'à une chose, une seule : que dans quelques minutes je vais devoir repartir à la maison, reprendre le métro, réendosser parmi tant d'autres ma vie d'anonyme hors du fenestron, comme ils disent au *Canard enchaîné*.

À chaque fois c'est pareil, je me sens complètement vide et vidée. D'un coup je n'ai plus aucune raison d'être, je n'existe plus, et immanquablement mon ventre se met à gargouiller. Pour qu'il se calme – au moins quelques instants –, je ne connais pas d'autre solution que l'arrêt à la boulangerie du coin.

Je ne suis même pas capable d'attendre d'être rentrée chez moi pour avaler – sans même les mâcher – les deux tartines molles et compactes que je me suis achetées et qui tiennent plus du chewing-gum que du pain Poilâne.

Pourtant je vais mieux, je revis. Quand je mastique je ne suis plus que croûte et mie de pain. Plus rien ne peut m'atteindre. Je me sens bien, comme shootée. Sauf que l'illusion ne dure pas. À peine ai-je poussé ma porte que je regarde ma montre. Il n'est que midi. Si je prends mon potage maintenant, à seize heures je ramperai devant le placard. Que pourrais-je bien faire pour tromper cet état de manque ?

Les devantures des magasins, les achats compulsifs et le découpage des poireaux en douze rondelles strictement identiques, mieux vaut ne plus y songer. Tous ces subterfuges me sont devenus insupportables, parce qu'ils me ramènent à l'idée même de régime, cette obsession qui m'étouffe.

En revanche, je viens d'y penser, je pourrais aller rue du Dragon voir si *jamais* – je dis bien jamais – je n'y trouverais pas « l'affreux » Bernard.

« Qu'est-ce que tu vas encore foutre là-bas ? se récrie instantanément ma petite voix. Tu ne trouves pas que tu y as assez traîné, entre la fin de "Frou-Frou" et tes démêlés avec ton amie photographe qui ont failli te faire replonger en décembre dernier ? Non, ça ne te suffit pas, faut que t'ailles te refoutre le nez dans la mouise ! »

Vraiment, je suis gâtée. Dès que mon estomac cesse de me torturer, ma mauvaise conscience prend le relais. Et pourtant cette dernière ne me conseille pas – pensez-vous ! –, c'est plus insidieux que ça : elle me gâche tout, mon régime, ma carrière (parlons-en !) et ma vie en me rappelant sans cesse mes erreurs passées et en m'avertissant de celles qu'à l'en croire je risque de commettre à tout moment.

Elle aura beau dire, j'ai envie d'aller rue du Dragon parce que j'ai envie de voir Bernard. Il n'y a rien d'autre à chercher, de toute façon il ne va pas me sauter dessus et moi non plus. J'ai tout simplement besoin de voir un visage ami, celui de quelqu'un qui me comprend, qui m'aime bien, depuis toujours et de la même façon, qui ne m'a jamais posé de questions et ne le fera jamais.

Alors pas de quoi en faire un plat, petite voix : je ne mangerai pas je te le promets, je me cacherai sous le porche du numéro 5, je regarderai « l'affreux » sortir du boulot, tenir son écharpe entre ses dents le temps de remonter la fermeture Éclair de son parka puis enfiler son casque noir avec les lunettes qui restent vissées dessus.

« T'as raison, vu de cette façon il n'y a pas péril en la demeure. Mais je te connais, les choses ne vont pas se passer comme ça. Tu devras le suivre. Parce que tu vois, à mon avis, ton Bernard ne montera pas sur sa moto. Il se rendra tout simplement au numéro 15, là où il y a le bistrot. Et là, crois-moi, ça va devenir drôlement coton pour toi. »

Advienne que pourra. D'abord, je fais ce que je veux.

*
* *

Me voici rue du Dragon. Pourvu qu'il ne fasse pas du zèle sur son banc de montage, mon « affreux », parce que aujourd'hui ça pince encore plus qu'une séance de bandages au Centre des Champs-Élysées.

Heureusement, je le vois déjà qui rapplique. Je le reconnais entre tous, rien qu'à mon palpitant qui s'emballe. D'ailleurs ce n'est pas vrai, qu'il est « affreux » : grand et bien bâti, enfin... « carré », il a d'épais cheveux noirs, des yeux assortis et une nuque où je glisserais bien la main. Finalement, il a sauvé l'essentiel.

La suite du programme ? Jusque-là j'ai tout bon. Il mord son écharpe, remonte sa fermeture... et puis zut, ma petite voix avait raison : je vois mon Bernard qui se dirige tout droit vers le 15 de la rue du Dragon et s'y engouffre. Que faire ? J'attends dehors et me chope une engelure du nez au troisième degré, ou alors je rentre ? Dans les deux cas je suis grotesque, alors au bout de cinq minutes je n'y tiens plus et décide de me jeter dans la gueule du loup.

Ce que ça pue, là-dedans ! Style graillon des mauvais croque-monsieur et remugle des vieux mégots. Sans compter la fumée de cigarettes qui forme un nuage au-dessus du bar. Non pas que je fasse ma difficile, mais j'ai horreur de cela : je trouve que ça sent le mec qui se laisse aller.

Pour moi on ne rentre jamais par hasard dans un café, on y va parce qu'on aime ça, et moi ça me dégoûte. Alors je leur en veux, à tous ceux qui en sortent l'œil embué, l'haleine putride, le chandail à la frite et la démarche incertaine. Et je déteste d'autant plus les bistrots comme ceux qui les fréquentent que lorsque j'étais enfant, une fois, mon père m'a plantée devant le café des étudiants de ma bonne ville en me disant :

— Tu peux tout me faire dans la vie, sauf me forcer à venir te chercher ici.

Jusqu'à ce jour, je n'avais jamais désobéi à mon père. Il y a un commencement à tout. La preuve, je pousse la porte de ce trou du cul du loup.

— Tiens, mais qu'est-ce que tu fous là ? lancé-je à Bernard avec mon air de surprise numéro un.

— Ça alors, c'est plutôt à toi qu'il faut le demander ! Figure-toi que comme ça, à contre-jour, j'ai bien failli ne pas te remettre... On ne te reconnaît plus. Ça doit être à cause du bonnet de laine, il te va comme une moufle. Pour revenir à ta question, je monte un documentaire depuis ce matin et j'en ai plein les mirettes. Alors je me suis dit : « Mon petit Nanard, si tu t'octroies pas un quart d'heure ce midi, c'est les hallucinations qui te prendront à trois heures. » Bon, dis donc, princesse, qu'est-ce tu prends ? Tiens, assieds-toi sur ce tabouret, donne ton manteau et enlève ce bonnet... C'est ton bonhomme qui t'a offert ça ? Au fait il va bien, celui-là ?

– Oui, ça va. Mais je ne prends rien, je ne faisais que passer...

Non mais ! Et puis qu'est-ce qu'il s'est mis dans le moteur, « l'affreux », pour refouler pareillement du goulot ? Au moins un ballon de rouge trois étoiles et un sandwich camembert ! C'est épouvantable, et je comprends maintenant pourquoi son amie Violaine s'est tirée en courant. Elle n'était peut-être ni très jolie ni très jeune, mais enfin elle sentait l'eau de Cologne à la violette, pas le jaja.

« Elle sentait la violette pour masquer le drame, ma pauvre petite cocotte : c'était une alcoolo et ton "affreux" aussi. Tu t'es jamais demandé pourquoi tu trouvais tellement sexy sa cicatrice au menton ? Parce qu'un jour où il n'avait plus rien à descendre il s'est fini à l'eau de Cologne du Mont-Saint-Michel, ce qui lui a valu de s'éclater la tronche sur le rebord de son bidet. Ah elle est jolie, ta nouvelle recrue… »

La ferme, petite voix. C'est justement ce qu'il ne fallait pas me dire. Primo je ne te crois pas une seconde et secundo je l'adore, mon « affreux ». En plus il a de très belles mains, c'est un bon photographe et il m'aime bien. C'est le seul. *The only one*. Alors il pourrait avoir tué père et mère que je l'aimerais du pareil au même.

– Bon, reprend ce dernier après un court silence, tu vas arrêter ton cinéma et prendre un petit ballon avec ton Nanard. Après t'iras faire tes courses de minette si tu veux, mais d'abord tu vas te réchauffer la chaudière. T'as vu comme t'es pâle ? M'sieur Gérard, vous mettrez la même chose à la petite !

Aïe aïe aïe. Si je ne bois pas son verre, il se vexe et je casse l'accord tacite que nous avons passé : « À toi le gras, à moi le rouge. » Mais si je le bois, je me prends direct sept morceaux de sucre sur les fesses.

Allez donc, « l'affreux » vaut bien ce sacrifice. Cependant, rien que d'y tremper les lèvres m'arrache une grimace.

– Je ne sais pas comment tu fais, Bernard. Il est vraiment abominable, ton picrate…

– C'est pas un château-pétrus, mais c'est pas fait pour non plus.

– C'est fait pour quoi, alors ? Même si tu n'as que dix minutes pour souffler, tu devrais en profiter pour te régaler avec un bon petit plat. Un truc dont tu te souviennes l'après-midi, quoi !

– Eh bien je ne suis pas fait sur le même modèle que toi, poulette. Je n'ai pas envie de me souvenir à quatre heures que j'ai mangé une andouille chaude à midi. Et puis je te signale que moi je ne mange pas : je me réhydrate.

Pour un plantage c'en est un. Qui suis-je, pour m'autoriser à lui dire qu'il boit du gros qui tache et qu'il ferait mieux de manger ? S'il me renvoie dans mes vingt-deux mètres, je l'ai bien cherché.

Ce que je peux être conne et lourdingue, quand je m'y mets ! La preuve, il commande déjà « un dernier p'tit ballon » et l'addition du tout.

– Avec le sandwich, ça fait cent deux francs cinquante.

– En v'là cent dix et que le peuple s'amuse, moi je retourne à ma bécane.

Ce n'est pas vrai ! Il en a bu pour cent balles, de son Kiravi ? Mais pas le temps de calculer qu'il me dit « salut » et se dirige vers la sortie du bistrot. J'ai à peine le loisir de lui lancer :

– Merci, Bernard, pour ton petit coup à boire. T'as raison, ça m'a drôlement réchauffée, ton bazar !

73

Inutile d'insister, il a déjà disparu. Incroyable ! Je me suis gelé les miches, j'ai attendu de le voir sortir et remonter sa fermeture Éclair, j'ai bu de sa cochonnerie qui me brûle l'estomac, et il me dit salut !

En plus il pue, c'est horrible comme il chlingue – la frite et le reste –, bref il me donne envie de vomir ! Ah çà, j'ai vraiment tiré le bon numéro...

Il ne me reste plus qu'à rentrer chez moi. Voire à me passer les nerfs au Bon Marché.

Mais avant, il faut que je me trouve une pharmacie pour acheter du Maalox et de la tige de thé vert. Je vais devoir en avaler cinq gélules d'un trait pour pisser toute cette vinasse.

Sans compter qu'en plus, à cause de lui, j'ai sûrement grossi.

*

*   *

Je redescends la rue du Dragon quand, prise d'une inspiration subite, je mets ma main devant la bouche et je souffle. Pas de doute, avec son velours de l'estomac moi aussi je pue de la gueule. Et sincèrement, rien ne me dégoûte plus qu'une femme qui boit. Sauf une femme qui mange, cela va de soi...

Pour me rafraîchir l'haleine, je vais retourner au bar-tabac me prendre des bonbons au menthol. Allez hop, il n'y a pas à barguigner. Je reviens donc sur mes pas, repénètre dans le bistrot... et là, qu'est-ce que je vois devant moi ? Bernard qui, remonté sur son tabouret, est en train de s'enfiler un nouveau coup de rouge !

Mais ça ne se peut pas ! En plus je jurerais qu'il m'a vue, bien qu'il n'en laisse rien paraître.

Que faire ?

« Tu te tires ! me glisse celle qui me transforme chaque fois en Jeanne d'Arc. Ça ne te regarde pas, ce n'est pas une histoire pour toi. Tu sais, le jaja n'a pas grand-chose à voir avec l'abus de paris-brest : c'est un truc de grand. Alors tu ne vas pas jouer les mères Teresa. Et tu lui dirais quoi, d'abord ? Qu'il est en train de se poivrer ? Ça, ton Bernard le sait mieux que personne. En plus tu es très mal placée pour y trouver à redire, car avec ton aspirateur à chips tu ne vaux guère mieux. »

Me rendant à l'évidence, je m'apprête à battre en retraite quand j'entends « l'affreux » hurler dans mon dos :

— Mais qui va là ? C'est la Sonia ! La reine de la chronique, l'intrépide du plateau 20 ! Alors comme ça on pense qu'on va s'acheter des cachous et se les foutre derrière la cravate en cachette ? Eh bien non ! C'est qu'il veille au grain, son monteur préféré à la demoiselle !

La honte : il a ameuté tout le troquet. La plupart des clients n'ont plus d'yeux que pour nous, Bernard complètement bourré et moi rouge de confusion.

Le pire, c'est que les gens ne doivent pas faire la différence. Pour eux « qui se ressemble s'assemble », donc je bibine comme les autres.

— Arrête de gueuler, Bernard, essayé-je de temporiser. T'es dingue ou quoi ?

— Je gueule si ça me plaît, et je m'en fous si tout le monde m'entend ! Regardez messieurs-dames, la Sonia Dubois a replongé, elle s'est remise aux bonbecs l'après-midi !

— Boucle-la et viens, on s'en va...

— Tu te barres et moi je reste, je tiens l'auberge ! C'est que c'est pas rien, le vendredi après-midi : y a du monde et j'aide ! Je compte les sous-bocks et j'en fais des piles !

Mon Dieu, mais pourquoi je n'arrive pas à m'extraire de cet endroit ? Qu'est-ce que j'attends de cette espèce d'épave ? Qu'il me parle gentiment et me dise que je suis belle ?

Pour ça, il faudrait déjà qu'il dessaoule.

— Tu ne voudrais pas boire un truc chaud, Bernard ? Ça te ferait passer le pinard.

– Mais c'est qu'elle insiste ! Tu crois vraiment que je tiens une murge colossale, ou quoi ? Ma parole, Sonia, t'as jamais rien vu de ta vie ! Eh bien je vais te montrer un truc : tu vas venir avec moi, on va descendre au montage en face et tu vas voir qui c'est Nanard.

Même s'il pue et s'il est saoul, j'irais jusqu'au bout du monde pour qu'il me parle. Parce que c'est précieux, parce qu'il ne le fait avec personne d'autre, et parce que même avec moi c'est extrêmement rare.

Un bon point : Bernard ne titube pas. Il traverse la rue et descend les escaliers qui mènent à son banc de montage comme si de rien n'était. Il va bosser, point. Chez moi non plus, quand j'allais travailler après un cassoulet à la graisse d'oie, rien ne se voyait.

– Qu'est-ce tu es en train de monter, au fait ? questionné-je à tout hasard.

– Un truc que j'ai tourné cet été au Burkina-Faso et que j'ai réussi à placer sur le câble. Un cinquante-deux minutes sur les conditions d'hygiène dans le grand centre hospitalier de Bobo Dioulasso. Tu vas voir, c'est assez surréaliste. L'ambulance, c'est deux lianes avec un siège de bureau au milieu.

Il connaît l'Afrique comme personne et ça me fascine. Depuis la côte ouest de l'ex-Haute-Volta

77

jusqu'à la Casamance, pas un conflit, pas une ethnie qu'il n'ait couverts ou qu'il ne connaisse.

Le voilà déjà tout à son montage. Ça se passe à merveille, car il possède parfaitement et la technique et la machine. Pourtant, même à jeun, à Paris ils ne sont pas dix à savoir se servir de cet engin à côté duquel le tableau de bord du Concorde ressemble à un Playmobil. Et son documentaire prend forme sous mes yeux. Normal, il en a depuis six mois le plan parfait – tiré au cordeau – dans la tête.

Impossible qu'il se trompe d'angle ou d'image.

Est-il transcendé par son boulot? Celui-ci le rend-il plus beau? Je l'observe du coin de l'œil pour le savoir. Non, rien n'a spécialement changé sur son visage, si ce n'est la mèche qui lui colle de plus en plus au front, vu qu'il transpire comme une vache. Ça c'est moche : l'eau lui perle de partout et de gros ronds de sueur se dessinent sous ses bras. Mais sa chemise n'est plus à ça près.

L'heure tourne. Pourtant on s'en fiche. Je n'ai plus envie de manger et lui ne pense plus à boire. Certes on se rattrape quelque peu sur la cigarette, mais fumer n'est pas l'exclusivité des toxicos sinon ça se saurait. En plus le tabac – c'est bien connu – est anorexigène. Alors on ne se prive pas.

Notre deuxième cendrier ne tarde d'ailleurs pas à en témoigner.

– Je commence à avoir les yeux en trous de bite, lâche-t-il subitement. Faut que j'arrête deux minutes. Viens, Sonia, on va remonter prendre l'air.

À tous les coups j'ai parlé trop vite : il va retourner au bistrot.

– Qu'est-ce qui te ferait plaisir, un café ? tenté-je à tout hasard.

– Oui, t'as raison. Ça me ferait un bien considérable.

OK. Vite fait bien fait on boit notre jus, et entre deux gorgées j'en profite pour placer que je vais devoir songer à rejoindre mes pénates.

– Tu sais quoi ? Je vais te ramener chez toi à moto, réagit mon affreux. Pas con, hein, comme idée ? Et puis ça te fera des sensations avant le week-end...

Manquerait plus que ça, qu'il me ramène chez moi ! Avec tout ce qu'il a bu ? Je l'aime bien, mon affreux Bernard, mais je ne suis pas candidate au suicide pour autant. Alors courage, je vais bien trouver les mots pour lui dire que cela ne peut pas, ne doit pas se faire.

– Écoute, Nanard, c'est une idée géniale. Mais tu sais, tous les vendredis après-midi après le boulot, j'ai besoin de marcher cinq-six kilomètres au pas de charge. Ça me détend, et puis ça me raffermit les fesses et le bide. Tu vois le plan ? Bien sûr tu vas te moquer, me trouver grotesque avec mes histoires de nénettes à la noix, mais…

— Mais pas du tout, me coupe-t-il, je trouve ça très courageux. Je pense que t'es une nénette formidable, une fille qui se cramponne et qui n'a pas la vie facile tous les jours. Voilà ce que je sais. N'empêche que, pour une fois, le brave petit soldat que tu es pourrait s'offrir cinq minutes de plaisir sur mon gros cube.

Il est trop mignon. Décidément, à ce compte-là, je ne peux vraiment rien lui refuser.

— Alors le petit soldat te demande un casque et c'est tout bon.

— Un casque ? Mais Sonia, j'en n'ai pas. Ah si, prends le mien !

— Et toi, tu n'en auras pas ?

— T'inquiète, cocotte : je te rappelle que t'as devant toi Bernard Vandstraat, taxi de brousse…

Lorsque nous sortons, le ciel a déjà pris le deuil du soleil. Enfiler le casque, enfourcher la machine et c'est parti. Par miracle, le boulevard Saint-Germain n'est pas encore bouché. Alors on fonce droit devant. C'est vrai que mon « affreux » est génial à moto.

Je m'accroche à son parka. Je sens son dos solide comme du béton armé. J'ai confiance, rien ne m'arrivera tant que je serai avec lui.

Le seul truc c'est qu'à moto, lorsque la circulation est aussi fluide et que l'on est amoureux, ça passe trop vite. Nous voici déjà devant chez moi. Il s'arrête, je descends et lui rends son casque. Et puis plus rien, pas de scène de genre. Juste un petit signe pour lui dire que j'ai passé un après-midi formidable.

*

*   *

La porte se referme derrière moi et c'en est déjà fini. Pourquoi ne s'est-on rien dit ? Peut-être parce que justement, après tout, il n'y a rien à dire. On a seulement lutté tous les deux, côte à côte et coude à coude, pour ne pas céder à nos aspirateurs respectifs. Ça a marché, ça ne durera pas forcément mais c'est déjà ça de pris.

Arrivée dans ma cuisine, je me suis débarrassée pêle-mêle de toutes mes affaires en cours de route. Je hurle de joie. Je suis heureuse. J'adore « mon affreux » au point de me dire qu'il va falloir calmer le jeu et de ne plus savoir que je suis au régime.

Parce que j'ai faim. Je meurs de faim. Il va falloir que j'avale n'importe quoi pour oublier que je viens de passer un moment génial avec un mec absolument extraordinaire. J'ouvre le réfrigérateur puis des Gervita, les verse dans un bol, creuse un cratère, l'emplis de sucre, touille vite pour en faire de la crème battue. Déjà ça coule dans ma gorge, glacé et velouté. Le petit Jésus en culotte de soie.

Vite, encore. C'est à peine si ma cuiller a le temps de suivre. Déjà fini ? Pas grave, il y a encore du pain frais de ce midi, de la margarine tiède et molle, des pommes, des pruneaux, des noix. Ça se bouscule au portillon, je suis dans un état second.

Je ne prends même plus le temps de mâcher. Je m'étrangle. J'étouffe. Je suis obligée de me foutre les doigts dans la bouche pour m'enlever le paquet de noix qui me râpe la langue. Et le reste suit.

C'était doux, c'est devenu amer. C'était blanc, ça ne ressemble plus à rien. C'était délicieux, là c'est dégoûtant. Ça me déborde de partout. J'en ai plein les trous de nez. Une abomination. J'ai le vertige, je tombe et m'écroule le long de mon placard à casseroles. De moi ou de « l'affreux », lequel est le plus malade, le plus pathétique ? Les deux tout pareil, mon général !

Faut que je nettoie tout ça avant que mon bonhomme ne rentre. Mon bonhomme. Pendant deux jours je vais l'avoir dans les pattes. Qu'est-ce qu'on va trouver à se dire et à faire pour tuer le temps ? Aller au cinéma ? Oui, ça c'est bien. Ça se passe dans le noir, on n'est pas obligés de s'échanger un flot de banalités, et puis j'ai beau avoir mon aspirateur branché sur le mode turbo il n'y a rien pour le gaver.

Même les pop-corn je n'y ai pas droit, parce que mine de rien mon bonhomme me tient drôlement à l'œil. Si un jour je lui demandais de m'offrir un gros cornet de ces grains de maïs soufflés, il me répondrait : « Et allons donc ! On se laisse aller ? On va être toute boudinée dans ses jeans et après on va pleurer sur mon épaule qu'on est grosse comme une vache ? Et puis quoi, encore ? »

Voilà comment il me parle, mon bonhomme, depuis que j'ai maigri. Comme si je n'en avais pas passé l'âge !

Un autre exemple ?

– Qui c'est la grosse vache qu'a mangé ses deux tartines avant que son bonhomme ne revienne du bureau ?

Je vous jure !

Le pire est que le pauvre garçon croit dédramatiser et être drôle. En m'appelant sa « grosse vache », il pense me convaincre que je n'en suis plus une. Et en faisant semblant de m'engueuler – parce que j'ai mangé un morceau pendant qu'il gagnait sa croûte –, il espère me faire sourire. Raté, c'est juste humiliant. Il est devenu comme tous les autres, ce chœur de veuves antiques qui me serinent à tout bout de chant : « Alors, c'est pas trop dur de tenir depuis tout ce temps ? »

Pensez-vous, c'est du gâteau !

Sans oublier le : « Quelle volonté ! Ça force le respect... » Eh bien non. Parce que dans tout ça, il faut quand même le reconnaître, il y a le nerf de la guerre. Car j'ai également maigri pour promotionner mon Centre d'amincissement comme tant d'autres vendent des paquets de lessive, cela posé sans aucun jugement de valeur de ma part.

Est-ce à dire que je laisserai tout tomber une fois terminé le contrat qui me lie au Centre ? Certainement pas. D'abord parce que je me respecte, ensuite parce que j'ai aidé des hommes et des femmes à aller mieux, enfin parce que j'ai toujours dit la vérité et parce que c'est dur, certes, mais tellement plus facile d'entrer dans mon 501 !

Et le bonheur dans tout ça ? Ailleurs, sûrement. Déjà parce que depuis un temps la compassion mièvre de mon bonhomme me court sur le haricot. Il m'ennuie, je suis lasse de lui comme de mon ancienne peau. Dès que je le vois je me revois telle que j'étais avant, quand je faisais cent trente kilos et que j'allais bien, que tout allait bien. Il est le témoin vivant qu'un régime n'est qu'un régime, que la vie continue, qu'on ne m'aime ni plus ni moins pour cela.

Même si on m'aime différemment. On me respecte si l'on croit que j'ai de la volonté. On me plaint si l'on pense que je suis une grande malade. On m'admire dans le sérail de la télé et de la mode si l'on est persuadé que je me suis pliée aux exigences du temps, l'allure cintre furieusement tendance. On me pouponne en famille si l'on a peur que je craque, on me surveille comme un bébé qui fait ses premiers pas et dont on craint qu'il n'avale les clés des armoires. Je ne m'appartiens plus, je ne me vois qu'à travers le prisme de « tous ceux qui m'aiment et ne veulent que mon bien ».

Résultat : j'encaisse. Au fur et à mesure que je m'allège, je m'alourdis du fardeau des névroses dont on me charge. Je deviens à demi folle. Je me transforme en gazelle éléphantesque. À cause d'eux, de leur vie qu'ils viennent calquer sur la mienne et que je porte comme une fourmi sa pitance.

Bien sûr il y a pire que mon bonhomme, ou plutôt pas mieux. Mais avec mon pote anorexique, j'éprouve parfois – carrément – des pulsions de meurtre. Comment voulez-vous ne pas voir rouge quand il vous dit : « Toujours pas sortie de ton plan carcéral ? Note, vaut mieux. Je te connais : on te donnerait un petit doigt de liberté que tu deviendrais cannibale. »

C'est ça, mon gars. Continue et tu vas valser par la fenêtre. Mais pourquoi ce grand con me tient-il lieu, depuis dix-huit ans, de frère par procuration ? Parce qu'il est mon contraire ? Mon négatif ? Mon meilleur ennemi ?

Non, foutaises : Sébastien, mon copain anorexique, me révulse à couper son brownie en quatre morceaux puis les quatre parts obtenues en huit et ces huit dernières en douze parties. Moi, tout ce que je demande, c'est de vivre, de manger, de fumer, de draguer, de sortir, de voir mes copines drag queens, de me rouler dans la boue parisienne que j'aime tant et de prendre l'avion pour aller me réfugier, de loin en loin, dans ma tanière new-yorkaise.

Je peux tout cela sauf manger. Alors je ne peux rien.

*

*　　*

Huit heures du soir, mon bonhomme vient de revenir. J'ai nettoyé mon naufrage. Tout est impeccable : il a son pastaga et ses ronds de saucisson dans son assiette pseudo-rustique en bois, c'est le week-end qui commence et ça va durer deux jours.

Un océan infranchissable.

— Sonia, t'as pas vu *Le Monde*?

— Si, il est avec ton apéro.

Et mon bonhomme de lire en se curant les trous de nez. Je regarde, navrée, un Laurent Baffie muselé à Canal +. Ça se passe lentement.

— T'as faim ? demandé-je à mon bonhomme.

— Non. Mais si tu m'en parles c'est que ça urge, alors mangeons.

— Non, ça n'urge pas. Je voulais savoir, c'est tout !

Qu'est-ce qu'il croit, cet imbécile ? Que je ne pense qu'à bâfrer ? Gagné. Mais comme ça me vexe il attendra : pas de popote avant une heure.

Dans l'intervalle, c'est la rumba. Des visites incessantes au frigo. Une demi-tranche de jambon racornie par-ci, une pomme par-là, un morceau de pain, une rondelle de saucisson, un bout de faux gruyère en caoutchouc, un verre de jus de raisin et une cuillerée de pâtes froides : un inventaire à la Prévert.

Si j'additionne les calories, j'en arrive rapidement à mille deux cents plus celles de la journée, donc deux mille. Je me tâte le bide et les salières (ouf, on sent toujours mes os !), puis j'essaie de mettre un cran de plus à ma ceinture.

Je deviens bleu marine, mais de cette strangulation intestinale vient mon rapide contentement à table. Hip hop, un yaourt et le tour est joué.

— C'est tout ce que tu prends ? s'inquiète tout à coup mon bonhomme.

— Parce que tu t'imaginais que j'avais faim ? osé-je lui rétorquer avec la plus infecte des mauvaises fois.

Quand je pense que cela va durer tout le samedi et le dimanche comme ça ! Alors, pour passer le temps et supporter ce mec qui m'appelle amoureusement « grosse vache », comme un fait exprès je me blesse tous les samedis matin.

Une sorte de lapsus, ou d'acte manqué. Ainsi me suis-je tour à tour enfilé une épine de sapin de Noël dans le pouce, ce qui m'a valu un panaris qui a failli dégénérer en septicémie. Ça nous a bien occupés. Le docteur et le pharmacien aussi.

Des fois je me brûle. Les mains également. Alors je cours — toujours à la pharmacie — on me bande, et je ne peux plus rien faire.

Mon bonhomme devient encore plus gentil, un vrai loukoum. Il prend l'intendance de la maison sous sa coupe. Pendant ce temps je goûte, je m'en veux et je me venge en lui faisant une scène.

Ça éclate généralement le samedi soir. Alors il part. Tant mieux : je peux manger des cacahuètes à pleines poignées en pleurant devant la télé.

*

* *

Je m'en veux mais c'est comme ça. Je n'y arrive plus.

Ou je reste gazelle – mais seule à pouvoir remplir mon entonnoir et le vider juste après – ou je redeviens éléphant, c'est-à-dire une bonbonne vivable autant qu'affable. Malheureusement pour mon bonhomme, je crois de plus en plus que j'ai choisi d'être gazelle. Alors je ne supporte plus qu'il me traite de « grosse vache ».

Même pour rire.

C'est vrai que ça déleste, un régime. Non seulement des kilos mais des illusions. Par exemple, moi qui vous cause, j'ai toujours pensé que j'étais incapable de vivre seule. Faux. J'avais besoin d'un regard qui me rassure, qui me dise que l'important c'est « la beauté intérieure ». Vous savez : celle qui en boum vous vaut de faire tapisserie !

Maintenant c'en est fini, j'attends tout autre chose. Dommage que ça tombe sur mon bonhomme, car ce n'est pas vraiment le mauvais bougre. Seulement voilà : il n'a rien compris au film.

Il n'a pas vu venir que si je changeais, il fallait qu'il change aussi. Après avoir perdu cinquante kilos, j'aurais voulu qu'il se mette à me parler autrement que par onomatopées. J'aurais aimé qu'il aime mes amis, du moins que je puisse les ramener à la maison sans qu'il parte aussitôt faire joujou sur Internet. Mais rien de tout cela. J'ai attendu, maintenant c'est fini. Je continue la route toute seule, et je sais à peu près où je vais. À la télé j'aime ça, et rue du Dragon j'aime encore mieux ça.

Le dimanche est souvent moins terne que le samedi où, en plus d'être la « grosse vache » préférée de mon bonhomme (qui lui-même – soit dit en passant – est resté bedonnant), je sens qu'il surveille tous mes achats de quelque nature qu'ils soient. Ce qui me fout dans une rage noire. Un : parce que j'ai faim. Deux : parce que, gagnant ma vie, je m'achète un lit à baldaquin si ça me passe par la tête.

Le dimanche donc on se lève tard, on flemmarde au lit, et puis j'allume plein de bougies dans la maison et prépare le petit déjeuner, un brunch comme dit mon anorexique.

Tout roule pendant un moment, on mange, on parle, on écoute la Callas, puis soudain il tarde à mon Loulou de se retrouver en tête à tête avec Internet. Alors il s'isole jusque dans l'après-midi, ce dont je profite pour aller au cinéma avec mon anorexique.

Là, avec Sébastien, on s'achète des bonbons chimiques en forme d'œufs sur le plat. Et le concours commence : c'est à celui qui en mangera le plus possible et qui recrachera le premier. Souvent je gagne, à tous les coups nous sommes malades mais on s'en revient bras dessus, bras dessous, et invariablement c'est à ce moment-là que je regrette de ne pas avoir fait ma vie avec lui. Qu'il soit homo n'y change rien. Même si mélanger nos deux maladies pour la vie reviendrait à nous organiser un beau suicide, nous avons déjà réservé une place dans la même maison de retraite et nous partirons ensemble. Normal, on ne fait qu'un depuis longtemps.

Bien sûr, quand arrive le dimanche soir, je coupe court à toute question de mon bonhomme en prétextant que j'écoute Serge July et

Philippe Alexandre à la télé. Pourtant, soyons honnête. Si mon bonhomme et moi ça sent le grillé, c'est dû à ce que l'on vit à trois, depuis tant d'années, avec mon sac aspirateur.

Mais tant pis pour lui s'il n'a pas voulu comprendre le *deal* que je lui proposai en me mettant au régime. Aucun homme au monde ne devrait baisser les bras devant un appareil ménager de ce genre !

20 bonnes raisons de rester avec lui

1) Honnêtement, c'est lui qui paie le loyer.

2) Le plus trompé des deux, c'est lui : il avait signé pour cent trente kilos.

3) Il conduit, pas moi.

4) Même chez Mireille Dumas, il a été parfait…

5) Au fond, il est gentil.

6) Comme moi, il n'aime pas notre voisine. Du moins c'est ce qu'il dit.

7) Rendons-lui cette justice qu'il n'a jamais eu honte de moi.

8) Vivre si longtemps avec une femme qui sent le bouillon de poireau, c'est un sacerdoce.

9) Il a lu mon livre, et pourtant il est toujours avec moi.

10) On pourrait le trouver austère. Non, il est constant.

11) Blague à part, ça fait deux ans que lui aussi mange du poulet un jour sur deux.

12) Même tard, il rentre.

13) Les comptes sont bons : j'ai vingt paires de chaussures, lui deux.

14) Il m'aime vraiment très fort : quand on passe devant la vitrine de chez Chanel, il me dit toujours qu'il aime les filles toutes simples.

15) On vit tellement en symbiose qu'il en a pris dix kilos.

16) Si un jour je flanche, c'est le seul à qui je ne ferai pas peur.

17) C'est peut-être vrai, après tout, que je suis sa vache sacrée...

18) Dans la rue, quand il croise une belle fille, il me dit qu'elle est bête et que ça se voit.

19) Il a la vue qui baisse.

20) Les livres de régime, c'est moi qui me les cogne.

Chapitre 3

Affreux et sale,
mais ni bête ni méchant

Lundi. Je vais bien, tout va bien. C'est le jour de ma rubrique « coupe, couture et déco ». Je suis prête. Je vais voir Olivier, côtoyer toute la bande de l'avenue Montaigne, respirer le studio et regarder les projos.

Une fois, on a demandé à Christine Bravo de me définir. Elle a répondu : « Sonia Dubois, c'est Cendrillon. » Non seulement ce n'était pas méchant, mais c'était vrai. Et j'en suis fière, d'avoir ce côté princesse d'un jour.

Donc, aucun malaise d'aucune sorte. Les « Beaux Matins » se déroulent sans le moindre accroc et toute l'équipe remonte pour assister à la réunion de debriefing.

Après mes rubriques, comme toujours, l'adrénaline redescend et je me sens un peu mélancolique. Alors je regarde par la fenêtre le toit du Grand Palais et le Paris qui court de la Concorde au Châtelet. Il fait très beau, aujourd'hui. Le ciel hivernal est d'un bleu merveilleusement pur.

Puis mon regard revient autour de la table, et je me surprends à contempler ce drôle de petit bonhomme qui me tient lieu de rédacteur en chef.

Ensemble, parfois, nous avons eu des engueulades homériques. Hystériques même. Il ne me comprend absolument pas et je le lui rends parfaitement bien. Lui vient des news, moi des guignolades ardissonesques et dechavanesques.

Je le revendique, et ça ne lui plaît pas. Normal. Cependant, rien n'est simple. Comme à peu près tout le monde dans le métier – sauf le reste de ma petite bande du matin –, on pourrait se détester, se mépriser, ne pas lire le même journal, et autres gentillesses qui se finissent en ulcère à l'estomac. Eh bien moi, ce petit bonhomme qui n'a l'air de rien, je le prends très au sérieux.

Allez savoir pourquoi ? Un jour, je me suis piquée d'attirer son attention. Eh bien croyezmoi, ce ne fut pas du biscuit. J'avais farfouillé dans tout ce qu'il a fait pour voir s'il n'avait pas un talon d'Achille, ou plutôt un rêve secret.

Rien, personne n'en savait rien. Il faut dire que, apparemment, il laisse tout le monde royalement indifférent. Alors pourquoi m'évertuer à le déranger, à le mettre hors de lui ? Parce qu'il est net, sain, serein et qu'il n'en faut pas plus pour m'agacer, parce qu'au fond je suis pareille que lui et qu'à mes yeux cela n'a vraiment aucun charme. Du coup je m'invente des tas de défauts, et à force d'y croire je les fais exister.

C'est ainsi que je donne à ce petit monsieur tout le loisir de penser que je suis impolie, vulgaire, grossière, et d'une arrogance insupportable.

D'une certaine façon, il en va de l'image que j'offre à mon supérieur hiérarchique comme de celle que je me renvoie à moi-même : elle me dégoûte. Parce que je pipe les dés, je triche et je m'en veux. En fait je mens. Je suis aussi largement coincée que lui et pourtant je me donne régulièrement en spectacle comme une extravagante un peu louf', en m'arrangeant de surcroît pour que rien ne marche comme prévu.

Parce que je n'ai pas envie que ça aille. Parce que si ça allait, je n'aurais aucune raison de bouffer. Ou plutôt, parce que je si je bouffe alors que tout va bien, je culpabilise trop. Donc il faut que tout aille mal, et je m'en occupe.

On est intoxiquée ou on ne l'est pas.

*

*   *

Une fois encore, lorsque la réunion se termine, je n'ai pas écouté le « patron ». Mais j'ai
quand même compris que ce petit bonhomme
sait depuis longtemps qui je suis. Pour preuve
il me préfère les cheveux correctement peignés,
il aime que mes papiers soient méthodiquement
construits plutôt que tout droit sortis de ma
petite boutique des horreurs et servis avec ma
fausse voix de Castafiore.

Finalement, je ne trompe personne. En tout
cas personne capable d'une réflexion d'adulte.
Alors comment peuvent me juger ce petit bonhomme et ceux qui lui ressemblent ?

Ce qu'il faut que j'admette, si je ne veux pas
me noyer, c'est qu'ils ne me jugent pas. Du
moins pas vraiment. D'abord parce que je ne
fais que passer et chacun ses embrouilles,
ensuite parce que ces gens-là sont beaucoup
plus généreux que je ne l'ai jamais pensé.

Voilà, il y a des gens généreux, et il va falloir que je fasse avec parce que c'est peut-être
eux qui me sauveront en me montrant où est
ma vraie liberté. Pour l'instant, je l'aliène totalement en n'étant attentive qu'à un organe : mon
estomac. Lui je le bichonne, je le tempère puis –

comme une mère en colère après un enfant qu'elle gâte trop – je lui en fais voir de toutes les couleurs. Alors, ne comprenant plus, il se révolte. Aimerais-je partir flâner dans Paris ? Rien à faire, cela m'est devenu impossible. S'il est l'heure de manger, il se tord en moi, hurle, vocifère, et je suis obligée de prendre le premier métro pour rentrer le rassasier à la maison. Après seulement je pourrai envisager de ressortir, repartir à la conquête du monde.

Bien, mais voilà : après, quand j'ai donné à mon aspirateur ce qu'il me réclamait, je m'endors à bout de forces, échouée sur mon canapé. Les feuilletons américains défilent et leur générique scande mes phases de réveil. Parfois, ce n'est que lorsque s'achève *Côte ouest* – dont je ne connais que le générique – que je relève la tête. Alors, les dents encrassées par les miettes de pain, je me baisse vers la corbeille de fruits et m'enfile des pommes. Beaucoup, noyaux et peau compris.

C'est à ce moment-là que je commence vraiment à émerger. J'ai oublié que le matin même j'étais à la télé et que tout allait bien jusqu'à ce que je me retrouve seule. Parce que je suis seule, horriblement seule. Normal, je ne travaille pas dans une entreprise avec des camarades, une cantine et une carte Orange. Ça me manque. Plus ça va et plus je me sens grégaire. En fait, j'aimerais faire la même chose que tout le monde à la même heure. D'abord j'aurais l'impression de faire partie d'une dynamique de groupe où tout le monde s'entend pour fabriquer un produit fini. N'ayant pas assez de personnalité pour agir différemment des autres, je mangerais comme eux – ni plus ni moins –, et le reste du temps mon aspirateur passerait après le bien de l'entreprise.

Évidemment, ma petite voix ne tarde pas à me contredire.

« Comment peux-tu croire au cinéma que tu te fais ? Tout ce à quoi tu rêves tu l'as eu : tu as été ouvrière dans une entreprise de banlieue, et tu as pris le train des années à la même heure avec des camarades tous aussi insipides les uns que les autres. Des vrais poulets de batterie. Tu n'as pas tenu le choc, tu n'as pas réussi à leur parler de leurs gosses, à te soucier de leur boulot. Certes, ils n'ont pas été mieux avec toi. Mais ils t'ont juste appris que la vie c'est chacun pour soi et Dieu pour tous, à la chaîne de montage comme à la cantine. Si tu te gaves, le mec d'en face te dit juste : "T'as raison, toi au moins t'en profites à fond, de ton ticket repas." C'est ça l'usine, c'est pour ça que t'es pas restée et que t'as fini bourrée de calmants. Parce que tu ne peux pas vivre que pour ta pomme, au contraire de ce que tu penses : il faut que tu partages tout ce que tu vis. Mais tu ne sais pas encore comment t'y prendre. Et tu ne sauras pas t'aider toi-même tant que tu ne seras pas capable d'aider les autres. »

Pas faux. Là où je ne suis pas d'accord, cependant, c'est sur le fait que je ne saurais pas aider les autres. Tenez, mon « affreux » par exemple : je suis certaine que je finirai par lui faire dire pourquoi il boit et ne va pas. Cela ne peut pas ne pas arriver : il doit forcément se sentir en confiance avec moi…

« Ça c'est du délire de midinette, reprend ma petite musique. Pourquoi veux-tu qu'un homme de quarante piges qui a oublié d'être idiot se mette tout d'un coup à te raconter qu'il a mal à son papa qui était une star et pas lui, qu'il a mal à sa vie parce qu'il est tout seul lui aussi ? Si cela peut vous rassurer tous les deux, il n'y a quand même rien de plus banal que d'être seul par les temps qui courent. Ce qui l'est moins, c'est d'avouer que c'est abominable, qu'il y en a assez de lire dans le journal de mode qu'on n'a jamais été aussi content d'avoir toute la place dans son grand lit et de pouvoir dormir avec ses chaussettes et son Damart sans que ça emmerde personne. Alors, au mieux, qu'est-ce qu'il pourrait te dire, cette espèce d'autiste ? Que t'as été un exemple pour lui ? Que si toi, t'as pu maigrir, lui, il va mettre la pédale douce sur le jaja ? Sûrement pas. Voilà des choses qu'à la rigueur les bonnes femmes peuvent se raconter entre elles, mais avec les mecs il y a tabou total. Si ton Bernard devait parler, ce serait éventuellement à un autre mec, mais sûrement pas à toi. »

Toujours aussi optimiste, la petite voix. Chaque fois que dans ma vie j'ai voulu faire quelque chose de bien, il a fallu qu'elle soit là pour me mettre des bâtons dans les roues. Notez que ce n'est pas bête, comme méthode, parce que finalement ça m'a toujours poussée à foncer.

*

*   *

Moi je sais comment je vais le ferrer, « l'affreux ». Ce qu'il faut que j'arrive à faire c'est le distraire, l'emmener là où il n'aurait jamais pensé aller. Ce sera toujours ça de gagné sur ses moments de désespoir. J'ai même trouvé un prétexte pour cela.

— Allô Bernard ? Salut c'est moi. Dis donc, je pensais à un truc : j'ai un vieux docu tout en bouts de ficelle à monter, et j'ai bien envie de te le montrer... On pourrait peut-être en faire quelque chose, c'est sur la vie des manouches forains. Pas du super-commercial, mais je me dis qu'une fois qu'il sera monté je pourrais me balader avec pour le faire produire.

– Écoute, princesse, là je suis vraiment pris jusqu'à la gorge, mais si tu me prépares le tout pour mercredi, je passe te prendre avec les cassettes et on regarde.

Qu'est-ce que je vous disais ? Je vois « l'affreux » mercredi !

D'ici là je ne vais plus penser qu'à ça. Il faut que je sois au top niveau, nickel chrome, en super-condition. Pour y parvenir, je vais devoir m'affamer dès demain. Si je suis capable de résister aux assauts de mon aspirateur, alors j'aurai tous mes sens en éveil pour décortiquer son propre penchant pour le bordeaux.

En attendant il va falloir que je les retrouve, ces foutues cassettes, et que je fasse un minimum semblant de m'y intéresser. C'est que ça ne remonte pas à hier, cette idée de docu sur les Tziganes. Faut dire que c'est une drôle d'histoire. J'en avais commencé le tournage avec Fanfan, une ex-idole pour laquelle je maigrissais de chagrin à vue d'œil, et un modèle auquel je voulais me conformer. De fait, le pauvre garçon devait mesurer un mètre quatre-vingt-cinq et peser dans les cinquante-huit kilos. Je n'ai plus jamais eu de nouvelles de lui après ce tournage. Cela me fut bien égal : après tout Fanfan m'avait permis de perdre les quinze derniers kilos dont je voulais me délester rapidement. Le plus amusant, c'est que ce même documentaire tourné avec lui va cette fois me permettre de sortir Bernard de l'ornière.

« T'es qui, pour croire ça ? Parce que tu as eu le culot de te servir de Fanfan pour arriver à ton seul et unique but, maigrir, tu vas remettre ça avec "ton affreux" ? Une victime ne te suffit pas, il faut que tu pompes tout le monde ! Mais t'es pire qu'une sangsue ou qu'une mante religieuse. Les gens ne sont donc rien d'autre pour toi que des outils, pour aller mieux d'abord et après pour leur montrer que t'es la plus forte… C'est écœurant, et souvent je pense que ceux qui se sont lassés de toi depuis ton régime ont vu clair. Ils ont compris qu'ils étaient de hasardeux passe-temps entre deux tartines. De fugaces compagnons de shopping que tu laisses tomber dès que ton estomac réclame toute ton attention. Et maintenant, te voilà qui plantes tes banderilles sur une nouvelle victime, laquelle ne t'a rien demandé et à qui tu oses faire croire qu'elle va peut-être travailler avec toi. À force de mentir, de falsifier toutes les cartes, tu vas vraiment te retrouver seule, et cette fois ce sera irrémédiable. Non, tu ne veux pas aider les autres. Tu ne le peux pas, de toute façon, trop accaparée que tu es à te gaver. Tu veux juste passer ton temps et contempler le malheur d'autrui, ça te rassure. Il n'y a pas que toi qui crèves à petit feu de ne pas pouvoir assumer pleinement son vice. »

Je ne peux pas laisser passer ça.

Bon maintenant ça va, la petite voix. J'en ai assez entendu pour aujourd'hui et pour un bon moment d'ailleurs. Je fais ce que je veux. Mon mercredi, je vais le passer avec « l'affreux », que cela te plaise ou non.

Et entre-temps je vais laisser courir mon imagination.

*

* *

Mon bonhomme, depuis qu'il est devenu calife de cette sorte de boîte américaine, il ne vit plus que pour elle. Le jour il y travaille, le soir il s'y amuse. Toute personne étrangère au service l'est aussi dans ce microcosme où il paraît que les filles sont belles et les garçons séduisants. Avant, j'aurais eu très mal de le savoir, maintenant ça me remplit de joie. Parce que mon aspirateur et moi nous sommes de trop dans sa vie, et depuis bien longtemps. De toute façon je n'ai plus grand-chose à lui demander, si ce n'est mon rituel : « J'ai pas regrossi, hein, dis ? » À quoi il me répond : « Mais non, t'es un vrai sac d'os, mon ancienne grosse vache. » Tout cela nous ennuie tellement, l'un et l'autre, que je ne dirai jamais assez merci à cette boîte américaine d'être loin de la maison et tellement prenante.

Quand vient le mardi, veille de mon rendez-vous avec Bernard, c'est le branle-bas de combat. Je m'occupe de moi, et ce n'est pas rien. Non pas que j'en profite pour me faire papouiller ou épiler mon grand corps. Pas du tout. Je ne m'occupe que de ma tête, la partie de ma petite personne qui m'importe le plus. Et puis je dois le reconnaître, je me suis prise de passion pour mon coiffeur. J'y passe des heures, on se raconte des histoires de shampouineuse, ça distrait, et blague à part il est assez perfide pour me faire rire.

Aujourd'hui, il me rallonge les cheveux avec des petites extensions collées à la kératine. J'en ai de toutes les couleurs. De loin c'est étrange et beau. De près c'est différent, surtout quand on y passe la main : on sent toutes les attaches des rajouts. S'il s'en rend compte, que peut bien penser un homme d'une femme qui se fait coller des cheveux de Barbie ? Aucune idée.

Ça non plus, ça n'intéresse plus mon bonhomme depuis longtemps. Sauf la couleur : il trouve que je ressemble à Janis Joplin, une vieille baba cool de Los Angeles qui d'une voix éraillée entonnait des textes insipides avant de mourir d'une overdose à vingt-sept ans. Elle était grosse et droguée. C'est comme ça qu'il me voit, mon bonhomme, grosse et droguée mais tellement « rigolote » parce que « personne d'autre que toi n'oserait porter ce dont tu t'affubles ». Après on s'étonne que je passe ma vie ailleurs !

Ce n'est pas tant que j'en sois raide dingue, de « l'affreux », même s'il a plus de coffre que Fanfan. C'est surtout que quand je pense à lui j'oublie mon bonhomme. Je deviens gazelle tandis qu'avec mon bonhomme ma peau d'éléphant reste pendue au clou du portemanteau. À vrai dire, je n'attends que le bruit de la clé tournant dans la serrure pour la renfiler.

Je voudrais tant que ça finisse bientôt, ce changement continuel de costumes. Ça m'use, à la fin.

En attendant je veux profiter pleinement de ce mardi. Et gazelle je me sens, avec mes nouvelles Reebok noires. Mes cheveux arc-en-ciel volent dans le vent glacé des quais de la Seine, et me voici tout à coup rue du Dragon sans l'avoir voulu, un jour plus tôt que prévu. Pas grave. Je me poste sous le portail d'à côté et regarde la moto de « l'affreux » ; elle n'est ni plus sale ni mieux que celle d'un autre. Je trouve même qu'elle est plutôt bien entretenue, avec tout ce barda de chromes qui luisent au soleil.

Tiens, justement le voilà, le Nanard. Mais je rêve ou j'ai des abeilles devant les yeux ? Ni l'un ni l'autre. Ce coup-ci il ne marche pas droit, il n'y a pas de doute là-dessus. Et puis ses cheveux, on dirait une pub pour la Végétaline. En plus il n'a rien sous son parka. Torse nu un jour où il fait moins dix ? Mais il va crever !

« Rassure-toi, avec ce qu'il a dû s'avaler la chaudière doit tourner à fond. »

Ce n'est pas le moment, la petite voix, alors tu la fermes. Le pire, c'est qu'avec mes cheveux en couleur, si je rentre dans le bistrot, tout le monde va se foutre de ma gueule. Surtout lui. C'est moi qui suis dérangeante, dans le décor, lui est parfaitement raccord.

Eh bien tant pis, je me jette à l'eau et advienne que pourra.

– Salut Bernard, ça va ?

– Mais ça devient une manie de te perdre ici, poulette. Regarde-moi un peu, qu'est-ce que c'est tous ces cheveux ? Très impressionnant ! Remarque, si tu ne sais plus quoi faire, tu pourras toujours te recycler comme mire de télé.

– Très drôle, Bernard. Dis donc, ne te retourne pas, mais je crois que tu es à poil...

– Tu devrais essayer, ça vaut tes bandages à la noix. Moi j'ai pas besoin d'aller dans ton Centre, je me le fais tout seul, mon traitement pour mes petits bourrelets. Tu veux savoir la vérité ? J'ai oublié de fermer le couvercle du tambour de ma machine à laver, alors toutes mes fringues se sont répandues dans le fond avec la poudre et la flotte, et j'ai pas réussi à ravoir mes chemises. Enfin, ma chemise. Du coup je me suis dit que c'était un signe, celui du redoux et de la fin de la mode des chemises. Allez hop, tout le monde à poil. Et t'as pas vu le pire, les chaussettes...

– Pourquoi, tu n'en as pas non plus ?

– Ben je suis coordonné avec le haut, comme tu dis si bien. C'est que j'écoute Sonia Dubois, moi, et ses précieux conseils en matière de look.

– Non mais attends, Bernard, tu ne peux pas rester comme ça ! C'est très sympa, de m'écouter, mais tu vas prendre froid et ta petite plaisanterie va finir en pleurésie. Tu devrais rentrer chez toi et appeler le dépanneur !

– Ou alors racheter une chemise et des chaussettes.

Je n'ai jamais vu un spectacle pareil. Quelqu'un de totalement ivre. Car je réalise soudain qu'il doit y avoir au moins deux jours qu'il n'a pas dessaoulé, sinon il ne serait pas venu travailler comme ça. Vu l'état de ses cheveux et des poils qui lui bouffent la gueule, cela doit faire un moment qu'il n'a pas touché une goutte d'eau, même en usage externe. Encore que ça me dérange moins que les boulettes blanches qu'il arbore au coin des yeux. Elle avait une fois de plus raison, ma petite voix, « l'affreux » est vraiment trop hard à se fader.

J'en suis là de mes réflexions quand mon Nanard me serre le cou avec ses deux grands bras qui pèsent une tonne.

– Tu sais ce qu'on va faire, poulette ? Aller chez moi à deux. Ça m'angoissera moins si t'attends le dépanneur avec moi. Et puis je te mitonnerai un petit truc, tu verras... C'est que j'ai des talents cachés !

– Heu... Bon, d'accord.

Et nous voilà tous les deux sur sa moto, moi le crâne farci de faux cheveux, lui à moitié à poil. Drôle d'équipage. On brûle tout. Les feux, les passages pour piétons, les stops. Moi qui ai toujours eu peur de la vitesse, je vais étrangement bien...

*
* *

Jusqu'alors je n'avais pas la moindre idée de l'endroit où il pouvait habiter. Même devant son immeuble, je ne le sais toujours pas. Ah si, je me repère à la tour de TF1, juste de l'autre côté. Nous sommes donc à Issy-les-Moulineaux.

Un ascenseur. Le modèle de base, sans glace ni peinture sinon les graffitis obligés, avec l'odeur de pisse en prime. Nous voilà au cinquième, dans un couloir aussi long que sombre. Au bout une porte en faux bois de chez Faubois, avec une étiquette d'écolier collée dessus. C'est marqué « Bernard Vandstraat », alors pas d'erreur on y est. « L'affreux » ouvre. Pendant tout le trajet j'ai tenté d'imaginer dans quoi il pouvait bien vivre. Très sale, bien grunge avec des bouts de pizza desséchés parmi une montagne de mégots. Sans compter le capharnaüm composé de vieux meubles de papa-maman...

Eh bien j'avais tout faux. Faut dire que c'est inimaginable pour qui ne l'a jamais vu. « L'affreux » doit se prendre pour Robinson Crusoé, les jours où il frôle le coma. À moins que ce soit les jours où il a trop de sang dans son alcool, auquel cas il est bien plus malade que je ne l'avais envisagé. Ce n'est pas un appartement, c'est une île déserte. Au milieu de la grande pièce qui ferait office de living-room chez les petits-bourgeois trône un gros tas de sable parfaitement entretenu et fraîchement ratissé. Tout autour de la pièce court un aquarium avec des poissons aussi rares que bigarrés. Quant à la table elle est coupée dans un tronc d'arbre énorme dont jaillit un faux cocotier (ça c'est vraiment moyen), tandis que du plafond pend une guirlande d'ampoules de toutes les couleurs.

Au mur, une laque bleu lagon soigneusement appliquée. Au bout d'un moment ça doit monter à la tête, mais à première vue ça a le mérite d'être drôle et inédit. Et pas le moindre bazar : tout est parfaitement rangé. Les CD dans la colonne prévue à cet effet, les cassettes vidéo répertoriées et classées par ordre alphabétique sur des étagères couleur sable, et juste en dessous l'attirail du monteur vidéo : un magnétoscope dont seul un pro peut comprendre les fonctions, une télé Sony si perfectionnée qu'on croit voir les images en relief, plus le petit barda qui accompagne.

Côté cuisine ça ressemble à la première pièce. Je me demande toutefois où « l'affreux » se fait son frichti, car je ne vois ni four, ni plaque chauffante, ni placard pouvant contenir quelque provision que ce soit. Alors je me risque à lui demander où il dissimule ses appareils ménagers. Après tout, il les trouve peut-être si moches qu'il les planque dans ses toilettes !

— Des fours et des trucs à cuisiner j'en ai plus, beauté, c'est Violaine qui a tout emporté quand elle s'est barrée. Elle a cru que ça me mettrait dans le pétrin. C'est assez con, tu sais, la poufiasse de base. Elle croyait me « faire du mal », elle m'a rendu un foutu service. D'abord elle m'a soulagé de tout ce fourbi dont je ne savais pas me servir, et en plus viens voir ce que je me suis aménagé…

J'ai beau ouvrir grand les mirettes, je ne vois rien. Sauf des grands rideaux épais qui vont du sol au plafond. On dirait qu'ils cachent une douche ou je ne sais quoi.

— Hop là, regarde : je me suis fait mes petites caves à pinard à l'emplacement du frigo américain et de son saint-frusquin.

Ce n'est pas vrai, il a le diable au corps ! Partout où il peut planquer du vin il le fait. Car il y en a dans tous les coins, les niches et les soupentes. Ça doit être ça, être tombé dans les vignes du Seigneur. Il doit même en mettre dans son sèche-linge et dans sa baignoire…

À force de voir des bouteilles partout, je sens que ça me tourne la tête et le cœur. Je vais me trouver mal. D'ailleurs ça y est, j'ai les chevilles qui se vrillent.

– Eh ben quoi, ma poulette, tu m'abandonnes ? Dis donc, t'es blanche comme un linge, toi. T'as pas mangé depuis combien de temps ? Non, tu serais pas un peu zinzin de te foutre dans un état pareil ? Viens, suis-moi, je vais t'allonger là sur mon lit. Regarde, je t'enlève tes petits Kickers et voilà un gros oreiller pour te caler la tête. Respire lentement, profondément. C'est pareil que si t'étais saoule, t'as l'impression d'être sur le *Titanic* avant le grand plongeon ? Normal, c'est parce qu'il y a plus de sucre là-dedans. Calme-toi, il ne va rien t'arriver. Je vais commander une pizza par téléphone, et on va se faire un festin de rois.

– Non, surtout pas. Excuse-moi, Bernard, c'est très gentil de ta part mais tu sais la pizza j'ai pas le droit d'en manger. Et puis tu ferais mieux d'appeler ton dépanneur pendant que je suis là, parce que je ne dois pas rentrer trop tard.

– Comment ça, tu n'as pas le droit de manger de pizza ? C'est très bon, la pizza. Il y a de tout ! Des sucres lents dans la pâte, des légumes – c'est-à-dire des fibres – dans la garniture du dessus et un peu de viande entre les deux pour les protides. Ce que tu n'as pas le droit de faire, c'est d'en manger une pour huit à toi toute seule. Mais avec moi ça t'arrivera pas, parce que je vais me bâfrer les sept autres parts. Bon, tu m'attends, je vais enfiler mon pyjama. Parce que je me les caille, moi, à poil depuis ce matin. Note que ça m'a pas empêché de bosser, et que je suis très fier de mon montage sur l'hôpital de Bobo Dioulasso. En plus c'est vendu, alors ton Nanard, aujourd'hui, c'est le roi du pétrole...

Et mon « affreux » de décrocher son téléphone pour demander qu'on lui livre fissa une pizza.

*

* *

La pizza est arrivée. Nanard se réchauffe en pyjama. Moi, j'ai beau ne pas être bien, il me reste encore assez de forces pour regarder autour de moi. Comment un type qui a passé son enfance entre Paris et Los Angeles avec son père en couverture de tous les magazines possibles peut-il vivre aussi connement ? Dans une HLM minable, avec un tas de sable grotesque au milieu, sans la moindre photo de son papa ni rien le ramenant à cette époque de rêve ?

Parce qu'il a fait la route dans l'autre sens. Moi j'en ai rêvé, lui on lui a imposé les petits costumes amidonnés et la bouille de bébé

Cadum. Alors il consacre toute son énergie à l'oublier. Avec son pinard, il y est presque arrivé. Mais finalement, c'est sûr, il ne va pas plus mal que moi.

En plus il fait des super docus, c'est un fabuleux monteur, et s'il se surveillait un peu il aurait une très belle gueule, même avec ses cheveux devant. Eh bien non. Il gâche tout. C'est fou, ça ! Je ne peux pas m'y résoudre, c'est plus fort que moi. Je n'admets pas qu'on ait tant de bonnes cartes en main et qu'on n'en fasse rien. Quelque part, je ne trouve pas ça moral. Et la morale, moi et ma petite voix, on y tient.

— Bernard, pourquoi ne fais-tu pas de cinéma ? Enfin, je veux dire pourquoi ne fais-tu pas l'acteur, toi aussi ?

— Regarde-moi ça : un vrai quartier de pizza. Alors attention c'est chaud, je souffle dessus, j'en découpe un petit bout et toi tu le manges. Allez, fais pas l'enfant, Sonia ; ce que tu es en train de te jouer là n'a aucun sens et ne fait rire que toi. Tu veux vraiment que je te dise ce que j'en pense ?

Ce n'est pas le moment que je moufte. Parce que parler à une fille, ça n'a pas dû lui arriver une fois de trop dans sa vie.

— Oui, je veux bien que tu me le dises...

— Tu sais, je crois que tu cours après quelque chose que tu n'auras jamais, que ça te rend très

118

malheureuse. Je m'explique. Tu voudrais devenir très maigre, comme ça tu ferais malade et tout le monde te plaindrait. Seulement voilà, c'est que t'es quand même une bonne nénette du Nord bien carrée et pas naine non plus, tu vois. Donc t'as beau te priver à en crever, tu n'y arriveras jamais. Ce qui te manque, c'est quelqu'un qui te dise que t'es jolie comme ça, qu'y a pas besoin d'être comme un cintre pour tomber tous les mecs de la banlieue. Mais qu'est-ce qu'ils foutent, à ton fameux Centre ? Y en a pas un pour te donner un minimum de confiance en toi ?

– Pas vraiment. En fait c'est plutôt le contraire qui se passe, c'est moi qu'on paie pour rassurer les grosses mémères. « Mais oui, madame, vous avez autant de volonté que moi, mais oui si j'y suis arrivée, vous y arriverez aussi, mais non c'est pas frustrant d'être au régime, au contraire, on se sent tellement contente de se remettre en jeans, mais oui on y arrive encore après cinquante ans, mais non on ne m'a pas opérée pour me refaire le ventre, les seins et le reste, le tout tombe de naissance... » Je n'en peux plus, Bernard, tout ça c'est un cauchemar. Je ne veux plus les voir ni les entendre, ces satanées bonnes femmes qui à longueur de semaines me harcèlent de questions sur mes envies alimentaires, ma vie conjugale, l'état de mes vergetures et la date de ma prochaine grossesse. Une date qu'elles attendent toutes, m'assurant les unes après les autres que c'est à ce moment-là que je reprendrai tous mes kilos, que je me déformerai pour de bon. Elles le savent parce qu'elles, au moins, elles sont déjà passées par là. Seulement des moutards je n'en aurai jamais, je déteste ça. Tout ce que je veux, Bernard, c'est du gras. Manger du gras. M'en foutre plein la lampe, que ça me dégouline de partout. En manger tellement que ce serait pire qu'une drogue, je libérerais tant d'endorphines qu'après je pourrais m'endormir en allant bien. En étant calmée.

— Bon. Je vois à peu près l'étendue des dégâts. Tu viens de passer un peu plus de deux ans de ta vie à faire le travail à l'envers. Au lieu de commencer par comprendre pourquoi tu n'aimes que le gras, on t'a privée de tout sans chercher à savoir ce dont tu avais réellement besoin pour survivre. Et puis une fois la cure faite, on t'a exhibée comme un phénomène de foire. On t'as montrée sous toutes les coutures. Et pendant ce temps-là on ne t'a surtout pas demandé comment tu allais, on a juste voulu savoir comment ça c'était passé. C'est abominable ! Alors tu veux que je te dise pourquoi tu

es chez moi, aujourd'hui ? Parce que j'ai peur
que tu meures.

— Arrête, t'es malade !

— Oh que non ! J'estime tout simplement
qu'on n'a pas le droit de pousser aussi loin les
résistances de quelqu'un. Qu'est-ce qu'ils testent
sur toi, au Centre ? La résistance à la tentation
du paris-brest par grande disette ? À l'Organisa-
tion mondiale de la santé, on est considéré en
état de malnutrition en dessous de mille quatre
cents calories par jour. Je serais toi je leur ferais
un sacré procès, et je peux te dire que je me
gênerais pas pour m'en mettre plein les fouilles.
Non mais sans blague ! Voilà pourquoi j'ai peur
que tu meures ou que tu te laisses mourir, ce
qui revient au même. Que tu culpabilises tellement qu'un jour plus rien ne puisse passer par
ta petite bouche. Faut pas que ça arrive : dis-toi
que même avec les plus gros défauts l'important c'est de vivre, même obèse ou alcoolo.

— Je ne savais pas que tu pensais tout ça.
Comme tu ne parles jamais, je ne sais rien de
toi…

— C'est vrai que je ne parle pas. Enfin… que
je ne parle plus. Pourquoi ? Mais parce que tout
le monde est devenu comme toi. Tout le monde
se flagelle, se bat la coulpe de boire, de bouffer ou de fumer un petit pétard. Eh bien moi je

fais tout ça et je m'en porte très bien. Mais comme je passe pour un dingue quand je le dis haut et fort, alors je ne cause plus. Je ne demande rien à personne et j'aimerais bien qu'on me foute la même paix royale.

– Et on ne te la fout pas, n'est-ce pas ?

– Non. Alors je m'éloigne de plus en plus. Je vis dans mes bouteilles. Là je suis bien, je les contemple, je les tourne et les retourne, les classe par année et par cru. Je suis doux et docile avec elles. Et puis ça me reprend, il faut que je les cogne. Mieux vaut que ce soit elles plutôt qu'une gonzesse. Je les vide, je les rince, je les envoie au mur, elles s'éclatent. Et puis après je vais bien, moi aussi. Et pas la peine de me demander à quoi ça remonte, mon enfance n'a rien à voir là-dedans. Personne d'autre non plus, d'ailleurs. J'aime le vin, c'est tout. Alors j'en bois. Bien sûr, ce n'est pas diététiquement correct. D'accord j'ai pas vingt mille fiancées sous mon balcon, mais j'en ai rien à faire. Le plus important, dans ma vie, c'est mes boutanches. Tant qu'elles sont là je sais que je tiens debout. Que je peux aller au bout du monde. Il n'y a pas de jours pires ou meilleurs, ils sont tous semblables, avec le même bruit de bouchon qui saute, la même odeur qui s'échappe de mon verre. Je ne suis pas comme toi, je n'admettrai jamais que quelqu'un m'en prive, c'est pour ça que ça a dégénéré avec Violaine : parce qu'elle m'aimait elle croyait avoir tous les droits. Alors elle m'a planqué mon pinard dans les machines à laver et à sécher, dans le haut du four, elle en a même jeté dans le vide-ordures. Là je suis devenu dingue, parce qu'on me privait sans que j'aie rien demandé. Parce qu'elle m'asservissait comme un enfant ou un grabataire. Je l'ai envoyée valser sur la balustrade, elle s'est éclaté la joue et là j'ai compris que si je ne voulais pas la tuer fallait que je boive. J'ai trouvé qu'un truc, de l'eau de Cologne dans la salle de bains. Je l'ai bue. Je peux te dire qu'à boire c'est déjà pas terrible, mais à roter c'est encore pire. Je suis tombé dans le coma et on m'a récupéré la gueule en sang, coincé entre les chiottes et le bidet.

– Je te demande pardon de t'avoir posé des questions, et je te remercie de me comprendre sans que j'aie besoin de tout te dire. Dis, tu prendras toujours soin de moi ? Tu vois, ce que je voudrais – si j'étais libre et sans contrat d'aucune sorte avec personne – ce serait manger du gras. Mais ce que je ne veux pas, c'est que ça se revoie comme avant. C'était vraiment trop moche. J'étais boudinée de partout, même des petits doigts. Et je n'avais aucun succès avec les garçons, rien…

– Non mais dis donc, t'oublierais pas un peu vite ton bonhomme, toi ? Si mes souvenirs sont bons, vous étiez déjà mariés depuis une bonne paye quand tu t'es mise à fondre. C'est peut-être pas un Apollon, ton homme, mais c'est quand même un gars brillant et très compréhensif. Je le sais pour avoir longtemps travaillé avec lui et parce qu'il m'a souvent ramené à la maison… C'est bien le seul qu'il l'ait jamais fait !

– Il ne m'en a jamais parlé. Tu vois, il ne me dit jamais rien. Comme si je ne comptais pas.

– Si, au contraire. Comme il te protège de toi, il n'a pas besoin de te raconter qu'il ramène chez lui un pauvre mec bourré. Sinon tu te mettrais à penser qu'il ne vit qu'entouré de cas sociaux. Merci pour lui. Il a sûrement envie de te donner une image plus gratifiante de sa personne. Pas pour se faire mousser, pour que toi, tu te sentes mieux.

*
*   *

On parle comme ça depuis des heures, allongés l'un à côté de l'autre, juste séparés par des restes de pizza froide. Sans rien connaître des histoires de cul des grands, je présume que dans notre situation beaucoup auraient passé leur temps à faire autre chose que bavasser. Pas nous. Pourquoi ? Parce que nous, on ne trompe pas nos amoureux : on ne trompe pas un cassoulet avec un homme ni une bouteille de château-lafite avec une fille. Ce serait un sacrilège inconcevable et l'idée ne nous effleure même pas. Bien sûr on ne se dégoûte pas l'un l'autre, mais agir autrement nous serait aussi insupportable que de nous priver de nos envies respectives quand elles nous prennent.

De toute façon, à bien y réfléchir, je n'ai vu qu'une belle chose au monde, dont je sois réellement folle et qui a complètement disparu de ma vie comme de ma vue depuis fort longtemps. Il s'agissait d'une tête. Une tête magnifique, pure, dessinée à la perfection. Elle avait l'air mutine et triomphante à la fois, pourtant je la dévisageais en vain : c'était une tête de porc taillée dans le saindoux chez le charcutier de ma mère, lorsque j'étais enfant. Je voulais la mordre, lui prendre la langue et les oreilles, la découper et la tartiner, lui parler même, mais jamais cela ne me fut permis.

Je ne m'en suis pas remise. Il y a des blessures dont on ne se remet pas. Depuis j'imagine le goût de son nez dans ma bouche, de ses joues au gros sel sur une tartine. Il aurait mieux valu que ma mère me ramène ses deux oreilles plutôt que de me sermonner longuement sur le péché de gourmandise qui aujourd'hui encore hante mes fins de repas. Voilà pourquoi les consolations de « l'affreux », aussi judicieuses soient-elles, ne m'apaisent pas.

Je ne peux même pas l'aider à s'en sortir. Parce qu'il ne le veut pas, et surtout parce qu'il va bien. Pourquoi devrais-je me sentir obligée de penser que tout le monde souhaite emprunter le chemin du repentir, comme je l'ai pris moi-même ? C'est une nouvelle déformation professionnelle causée par le Centre que de vouloir imposer l'abstinence et la vie claire à autrui, Bernard ne s'est pas gêné pour me le faire remarquer. Et puis il a appuyé là où ça me fait souffrir en ce moment, du côté du cœur, en me rappelant que mon bonhomme est un mec bien. Qu'il n'a pas besoin de me gaver de paroles ni de preuves d'amour à tout va pour me démontrer qu'il tient à moi et peut-être comme personne.

Il se fait tard. J'ai très envie de partir de ce trou du cul du loup. Finalement, « l'affreux » est beaucoup plus paternaliste et moralisateur que je ne le pensais. Et ça me fatigue. Encore un qui m'explique comment tôt ou tard je vais craquer, que tout ça n'a aucun sens, que je ferais mieux de vivre à fond les ballons mon envie de gras, parce qu'au bout du compte ce qu'il faut c'est vivre et non pas calculer comment on arrive à le faire.

Ça me déprime d'autant plus que ça ne répond à aucune de mes angoisses. Et rien à faire, je n'estime pas que ce soit une preuve de maturité que d'analyser son cas avec complaisance plutôt que d'y remédier. En ce sens la méthode Coué du Centre ne me réussit pas si mal et je ne veux plus regrossir. Jamais.

Résultat, je quitte « l'affreux », pas mécontente d'échapper à sa soirée de pochtron. L'angoisse m'étreint de plus en plus la gorge. Aussitôt dans le métro, je sens le goût de la pizza me revenir à la bouche. Il me colle aux dents. Combien en ai-je avalé, deux grands morceaux ? Ça va dans les combien de calories, tout ça ? Tenez, je préfère ne pas compter tellement ça me fait froid dans le dos, comme lorsque je reçois mon relevé de Carte Bleue. La preuve objective que je suis incapable de tenir mes pulsions en respect. Du coup chaque mois la même anxiété me troue le bide, de la même façon que l'angoisse me vrille les tripes quand je calcule ce que j'ai ingurgité.

Il faut que je me reprenne, ça ne peut plus durer. Il serait vain d'espérer trouver une solution à mes propres problèmes dans ceux des autres.

Ce que vous avez toujours
voulu savoir
sans jamais oser me le demander

• Quand je suis invitée chez des gens pour dîner c'est pratique, on sait qu'avec moi on ne sera pas ruiné : pas d'apéro, pas d'entrée, pas de dessert.

• Au niveau shopping, j'achète toujours des chemisiers trois fois trop grands. Résultat, on pense que je me fais fondre du cou.

• Dans la vie, il y a deux questions auxquelles je ne peux pas répondre immédiatement, parce que ça change tout le temps : l'heure qu'il est, et la taille de mon soutien-gorge.

• Quand je dîne avec un camarade, j'ai gardé l'habitude de prendre la banquette et je m'enfonce dedans. Il n'y a plus que mes joues qui sortent et je les mords, je me dis que comme ça je dois faire « normale ».

• Dans le métro je ne m'assois toujours pas, rapport à ce que je crois encore prendre deux places assises et que ça met les petites vieilles hors d'elles. Je n'ai pas envie de les avoir contre moi.

• Dans l'avion comme dans le train, je prends toujours la place côté couloir, comme au bon vieux temps où mes mollets me rentraient dans les bourrelets qui eux-mêmes m'étouffaient. Et les stewards ont autre chose à faire que du bouche-à-bouche au pot de graisse de la rangée numéro 4.

• Si je ne porte jamais de hauts talons, c'est parce que autrefois, ils me faisaient ressembler à une dinde saoule.

• Je ne porte jamais de jupe non plus, rapport à mon éternel ventre de femme enceinte.

• Horreur, voici l'été qui s'en revient avec son cortège de robes à bretelles. J'ai maigri. Bravo, mais qu'est-ce que je fais de la peau de chauve-souris que j'ai sous les bras ? Je me la recouds sous les oreilles ?

• Oui j'ai les nibards qui pendent. Étonnant, non ?

• Oui je craque sur le saucisson sec, mais j'ai fait un *deal* avec le bon Dieu : ce jour-là je ne mange pas de soupe. Bizarre, ma balance prend quand même deux cents grammes.

• Chez le toubib, avant je me plaignais de mon dos, de mes reins et de mon foie. Maintenant c'est de mon estomac, rapport aux légumes que j'ai ingurgités en trop grande quantité. Le médecin m'explique que c'est normal : « Après trente ans, au mieux les maux se déplacent... »

• Avant je n'avais pas de succès avec les garçons, maintenant non plus. Il paraît que c'est parce que je ne sais pas leur parler.

• Il y a un truc rassurant, dans la vie : quatre-vingt-dix-huit pour cent des femmes mentent en affirmant pouvoir manger de tout sans grossir.

Chapitre 4

Belle et Sébastien

J'ai passé une très mauvaise nuit. Je me demande ce que « l'affreux » a pu penser de moi, hier. Nous devions nous voir aujourd'hui pour monter mon docu sur les Tziganes, mais je décommande. L'idée de tomber sur lui bourré et affalé sur son tas de sable me donne la nausée. Je n'arrive plus à trouver sexy son torse nu sous le parka, ni sa mèche grasse, ni ses mains aux ongles longs et sales. Non, je retiens seulement qu'il boit comme moi je bouffe. Pousser plus loin tous les deux, ça rimerait à quoi, dans le fond ? À rien, sinon au mélange vaseux et pâteux de deux vieux névrosés échoués sur leur cocotier de papier mâché. Autant tirer un trait tout de suite.

En revanche, s'il en est un que je n'oublie pas – même si je m'en veux souvent de le faire passer après mes coups de tête et mes coups de cœur –, c'est mon anorexique. Autrement dit mon Sébastien. Je sais pertinemment pourquoi je le néglige. À cause de la bouffe. Car pour le reste il ne peut guère la ramener, ayant à peu près tous les vices chevillés au corps : la dope, les hommes, la nuit, et un truc qui m'assassine les oreilles depuis presque vingt ans : le rock 'n' roll.

Alors pourquoi je l'adore ? Parce qu'il a réponse à tout. Et sans flagornerie aucune. Les jours où il me fait trop mal je me renfrogne souvent pour une bonne quinzaine, et puis j'y reviens : là c'est moi qui l'attaque, lui se défend au lieu de fuir et c'est le grand duel. Jusqu'à l'épuisement, c'est-à-dire jusqu'à ce que nous tombions d'accord.

Aussi, dès que j'ai fini de préparer ma revue de presse du vendredi, je l'appelle. De toute façon j'ai besoin qu'il m'explique comment éliminer la pizza de l'autre clown. Quand je pense que Bernard prétendait préparer de bons petits plats… Serment d'ivrogne !

– Allô, Seb ? C'est Sonia. Je ne te dérange pas ?

– Non, quoi de neuf ?

– Voilà, j'ai un truc à te demander. Hier j'ai mangé deux gros quartiers de pizza bien chimique. Résultat, j'ai pris un kilo. Qu'est-ce que je peux faire ?

– Il y a quand même un truc qui me fout les abeilles, avec toi. Ça fait trois ans que tu rames pour devenir notre Cindy Crawford camembert, donc plus une ficelle ne devrait t'échapper. Et tu m'appelles encore pour me dire que t'as bouffé de l'industriel alors que tu sais pertinemment que c'est bourré de conservateurs, de glutamate, de colorants et de sucres en tout genre, que tu vas mettre quatre heures à les digérer et qu'ils vont te sauter aux hanches aussitôt après ? Je te préviens, avec le capital graisseux que tu te tapes, t'en as pour deux fois plus longtemps que les autres à éliminer. Si tu veux te faire un trip pâte à tarte un jour, tu te la cuisines toi-même. Je ne sais pas, moi, c'est l'une des premières règles d'hygiène alimentaire que ma mère m'ait apprises. Tout fait main, et maison !

– Bien, mais qu'est-ce que je peux faire en attendant, vu que ma mère à moi n'a jamais eu le temps de rien m'expliquer ? Hier, si j'ai mangé cette horreur, c'est parce que j'étais chez « l'affreux »...

– Non, attends, tu délires ? Tu ne vas pas me dire qu'en plus tu as bu ? Parce que là, pizza industrielle + velours de l'estomac, ça fait minimum quatre heures de machines au Garden-Gym !

— Ça suffit comme ça, Sébastien, je n'ai pas
bu ! Au passage, d'ailleurs, je te remercie de me
faire tellement confiance : si je suis allée chez
Bernard, c'était pour lui faire comprendre qu'il
devait s'arrêter de picoler, et vite.

— Bilan de l'opération, quand t'es partie il
tenait une caisse sévère et t'avait refourgué sa
pizza de merde. Il est décidément très fort, le
Bernard, et toi tu es drôlement conne. Il t'a bien
eue. Mais quand vas-tu admettre qu'il faut laisser les gens dans leur daube ? N'as-tu pas assez
de la tienne à gérer ? En plus, je vais te dire un
truc : il a été bien gentil de te supporter, parce
que si tu me faisais le plan « Alors voilà, Seb,
pour ta santé vaudrait mieux que t'arrêtes les
mecs », tu ne me reverrais plus jamais de ta vie.
C'est ça que tu dois te mettre dans le citron,
avec ton apostolat de pacotille : à force de tirer
sur la corde, un jour tu ne verras plus personne.
Non mais quoi, qui es-tu, à la fin, pour nous fli-
quer tous ? Que tu le veuilles ou non on vit,
Sonia, et on le fait sans t'en demander la per-
mission. Alors maintenant basta, tu nous lâches
avec tes crises mystiques.

— OK, mais ça ne me dit pas comment je fais
pour ma pizza d'hier...

— T'as du bol, j'avais gardé mon après-midi
pour aller chez le dentiste. Ben oui, ma poule,

ce n'est pas parce que je ne m'en sers pas pour mastiquer que je les néglige, mes quenottes. Alors je me décommande et j'arrive.

Je raccroche, rassurée. Sébastien va venir me dire comment maigrir, me débarrasser de cette foutue pizza. Comme ça, après, je serai bien. Légère. Et je pourrai recommencer à bâfrer puisqu'il m'aura donné la solution pour que ça ne laisse pas de traces.

*

*   *

— Salut ma poule, alors montre à ton Seb où elle s'est agglutinée, ta pizza thermonucléaire ? A priori nulle part, parce que je ne vois rien de changé...

— Regarde là, juste au-dessus de mon 501, à la hauteur de ma taille. J'ai l'impression d'avoir du gras en tapon tout autour de la ceinture, comme si une chemise était roulée en boule sous mon falzar.

— Montre. Ah... Oh oui ! Eh bien je ne vais pas te mentir, ça se voit quand tu te baisses. Ça ne te gêne pas trop, au moins ?

— Je t'en prie, n'en rajoute pas.

— Mais si, c'est fait pour. Ta graisse, pour en venir à bout, il faut que tu sentes qu'elle te gêne

137

aux entournures, que cette masse morte et inerte t'empêche de donner à tes mouvements toute l'amplitude souhaitée. En gros, une fois que tu as compris ça, tu as gagné la moitié de ton paradis. Après il ne reste qu'une chose à intégrer : que ton corps contient le double de la masse graisseuse que tu peux palper. Je m'explique : quand tu sens un bourrelet au niveau du ventre, ça veut dire que tu as l'équivalent de cette masse caché à l'intérieur du corps, le long de la colonne vertébrale et des artères qui mènent au cœur. Des doigts de pieds à la périphérie du crâne, tu dois te visualiser comme cela.

Je vais vomir, ou me jeter par la fenêtre. Sébastien est en train de me dire que je peux bien ressembler à une future gazelle, je n'en reste pas moins un éléphant du dedans.

Le pire c'est qu'il croit dur comme fer à ce qu'il dit. Et il sait de quoi il parle. Il sait que rien n'est jamais gagné, qu'un alcoolique sobre reste une graine d'alcoolo, qu'une hyperphagique mince reste un aspirateur à bouffe, et que lui, son refus de s'alimenter resurgit de façon inopinée. À Noël, alors que nous passions nos vacances ensemble, son état a tout à coup empiré. Il refusait totalement de se nourrir et n'achetait plus que des compléments alimentaires sévèrement burnés.

Quand il en avalait, une odeur fétide se répandait dans toute la maison. Quelque chose de sucré, mêlé d'amande douce, avec du lait et des arômes artificiels de fruits. Tellement écœurant que ça me rendait malade. Vraiment, je ne comprends pas comment on peut se laisser crever de faim à ce point. Si seulement nous pouvions compenser nos névroses !

Déjà, lorsque Sébastien était arrivé à la maison, il m'avait fait peur. Ses pommettes étaient tellement saillantes que même lorsqu'il me tournait le dos elles se voyaient encore. Mais le pire, c'étaient ses mains. Les os en sont si pointus et la peau si fragile qu'en hiver elle craque souvent à l'articulation des phalanges. Son pull-over se tache de sang et je lui pose des pansements avec la tête de Bart Simpson dessus. Ça nous fait rire. C'est un geste très intime, mais nous prenons le temps de le mettre en scène en nous plaignant mutuellement de notre état.

Finalement, c'est pareil que chez les gens normaux quand ils évoquent la météo. Notre « il n'y a plus de saison » à nous, c'est « fais voir tes mains » et « il y a combien de temps que tu n'as pas mangé ? ».

*

*   *

Pour l'instant, il n'est question que de moi et de sa théorie du « gras-double », dont je dois bien reconnaître que je n'avais jamais soupçonné l'existence.

– Que veux-tu, m'explique Seb, tu fais partie de ces gens qui ont toujours l'air étonné de peser leur poids et qui ont pourtant l'air mince vus de l'extérieur. Le seul moyen d'y remédier serait de te fabriquer des muscles longs...

– Devenir une haltérophile ? lui rétorqué-je. Ah ça non, merci bien !

– Il ne s'agit pas de ça. Ce qu'il te faut, c'est un exercice physique quotidien et adapté. Un vrai travail de fond, soutenu et régulier.

– OK, d'accord... Je n'ai jamais eu le courage de m'y mettre, surtout seule, mais avec toi je veux bien essayer. Seulement en quoi ça consiste, ta gym pour muscles longs ?

– Si tu veux, on s'y met tout de suite. T'as ce qu'il faut pour aller courir au bois ?

Me culpabiliser pour deux parts de pizza dégoulinante consommées chez « l'affreux » passe encore, mais de là à me foutre en short pour les éliminer sous quinze degrés en dessous de zéro, il ne faut peut-être pas trop pousser. Il est fou, lui !

Si je comprends bien, j'ai le choix entre m'acoquiner avec l'autre soûlographe de

Nanard, mais qui me laisserait me goberger jusqu'à plus faim, ou avec cette sorte de stakhanoviste du footing, ce traqueur maniaco-dépressif du bourrelet. Exaltante perspective. Dans les deux cas j'ai affaire à un dingue, dont la pseudo-méthode n'est qu'un prétexte à m'imposer sa propre définition des plaisirs de la vie.

Celle de Bernard, très peu pour moi. Quant à celle de Sébastien... sans alcool, sans bouffe et sans tabac, elle va me paraître drôlement longue, la vie.

— Le minimum, poursuit ce dernier apparemment décidé à ne pas lâcher le morceau, ce serait d'avoir des pompes qui te maintiennent les chevilles. Forcément : elles ont dû être fragilisées par ton poids d'avant et ton absence totale d'efforts dans la durée. Si t'ajoutes à ces godasses une paire de gros collants de laine, un short pour passer par-dessus, un sweat et un tee-shirt pour le haut, un bandeau éponge et une serviette, tu seras parfaitement équipée. Côté boisson, j'ai ce qu'il faut à la maison. Mais allonzo allons-y illico, ma chérie, parce qu'il va faire nuit dans une heure.

— Minute, papillon ! Je n'ai rien de tout ce que tu dis, hormis une bonne paire de Reebok. Pour le reste, si je t'ai bien suivi, ça doit faire dans les cinq ou six cents francs. Mais avec les impôts et la Saint-Valentin, je suis raide. Plus un flèche. Alors, pour aujourd'hui, on va se contenter de marcher au pas de charge et on ira au bois le mois prochain...

– Le problème, avec toi, c'est que tu ne vas jamais jusqu'au bout de ton trip. Tant pis, allons marcher !

Et nous voilà partis sur les quais, direction le bout du boulevard Saint-Germain et l'Institut du monde arabe. Très rapidement j'ai plein de buée sur mes lunettes, le nez qui coule, le froid qui me pique la peau, un point de côté qui me coupe le souffle et des crampes qui montent le long de ma jambe gauche. Mais aucune importance : tout ce qui compte, c'est que je lui prends dix longueurs d'avance, à mon Seb. Je vais te lui foutre une de ces volées au jogging, à la crevette !

En me retournant pour voir où il en est, je ne peux m'empêcher de regarder ses jambes. Elles sont aussi longues que hautes, et je me demande comment il fait pour tenir dessus. On dirait deux grandes échasses perdues dans la ville.

C'est même tellement maigre que ses genoux semblent former deux boules énormes. Et puis il n'a ni cuisses ni cul. Tout est plat. Pas plus de traces de gras que de vie sur Mars. Bon sang que c'est moche. Ça fait demi-portion. Pas homme, quoi... Moi qui l'admirais tant, autrefois ! Seulement voilà : à vingt ans on se dit que c'est beau, les artistes maudits, qu'ils sont habités par quelque chose et que le reste ne compte pas. Et puis un jour on a trente-cinq balais et l'on trouve que cet animal-là ferait bien de prendre dix kilos s'il ne veut pas paraître vieux avant l'âge.

– Qu'est-ce que tu as, Sonia, à regarder mes guiboles comme ça ?

– Euh... dis donc, les muscles en long, ça donne forcément des jambes comme les tiennes ?

– T'as vu ça, ma poule ? Non mais tâte, c'est dur comme du béton et dessiné au fusain, le résultat de l'équation muscu-finesse !

– Écoute Seb... Sincèrement, c'est trop maigre. On a le sentiment que tu n'as pas de fesses et que tes jambes ne pourront pas te porter jusqu'à ton retour à la maison...

– Tu sais ce qu'elles te disent, mes jambes ? Va te faire voir ! Ça fait trente-cinq ans qu'elles me portent, et des poids elles en ont soulevé genre soixante-quinze fois la tour Eiffel. Alors ce n'est pas toi qui vas me faire la morale !

– Je ne te fais pas la morale, je te dis simplement que chez moi c'est encore trop enrobé

143

et chez toi pas assez. Entre nous deux, il doit bien exister un juste milieu...

Un silence, puis Sébastien reprend, un ton plus bas :

— Tu ne t'imagines pas ce que j'ai pu bosser pour avoir ce semblant de jambes. C'est pourquoi, toute Sonia que tu es, tu n'as pas le droit de me lancer tout à trac qu'elles sont maigres. Je souffre et travaille largement autant que toi pour que mon corps se maintienne. Je croyais d'ailleurs que tu en étais consciente et que tu serais bien la dernière à me reprocher un jour mon manque de fesses. Ignores-tu ce que représente le cul, chez les gays ? C'est ce qui compte le plus et ce que j'ai le moins ! Alors si par miracle elles pouvaient se bomber un tant soit peu, le gras qui y contribuerait s'appellerait le bienvenu.

Touché-coulé. Nos vies, à tous les deux, c'est « mission impossible ». Et pourtant, on aura été de bonne volonté... Quoi qu'il en soit, je ferais mieux de détourner le cours de la conversation.

— Ça ne te creuse pas, nos enjambées de sauvages ? lâché-je sans réfléchir.

— Tu es vraiment impossible ! Tu ne penses qu'à manger, ou quoi ? Tiens, tu me dégoûtes. Te rends-tu compte ? Tu me fais courir en plein blizzard, j'annule tout pour toi, je passe une heure à t'expliquer comment tu peux régler ton problème et tu me demandes quand on bouffe ?

— Arrête un instant, s'il te plaît, et viens t'asseoir sur ce banc avec moi.

Ayant compris au quart de tour qu'on va jouer confidence pour confidence, il s'exécute sans piper mot.

— Voilà, poursuis-je, depuis quelque temps, c'est vrai, ça ne va plus. Je ne supporte plus mon régime. Pour commencer je me suis remise à avoir faim, plus encore qu'il y a deux ans. D'abord j'ai mis ça sur le compte du froid, et puis je me suis aperçue que ce n'était pas du froid ni de la faim mais de l'envie, et que ça ne me lâchait plus. Ça ne se passe pas dans ma tête mais dans mon ventre, là, au niveau de l'estomac. C'est comme si un aspirateur avait poussé dedans. Je suis malade, tu comprends ? Et je n'en peux plus, Sébastien… Il faut que je mange tout le temps, et tout le temps ce n'est même pas assez. Je voudrais mourir pour que ça s'arrête !

*

*   *

On est échoués sur notre banc, et on regarde droit devant. Ça vaut mieux que de se regarder chialer.

D'habitude, les moments difficiles, c'est chacun son tour. Sauf là : vraiment pas de chance, on va mal ensemble. C'est bien beau, l'aveugle et le paralytique, mais il n'y en a pas un pour relever l'autre.

— En as-tu parlé à ton toubib ? reprend tout à coup Sébastien. Il y a sûrement quelque chose à faire, ou quelque chose à prendre. Je ne sais pas moi... un coupe-faim, par exemple. Un genre d'amphétamine quelconque qui te colle au plafond et te fait oublier jusqu'à ton nom.

— Tu en parles à quelqu'un, toi, quand tu n'as pas mangé depuis trois jours ? Non. À moi tu es capable d'affirmer que tu viens d'avaler un pot-au-feu pour donner le change, et même à toi tu te mens. Crois-tu que pour moi cela soit plus facile, que je n'ai pas honte de dire que j'ai replongé ?

— Parce que tu as replongé ? À part manger la pizza de « l'affreux », qu'est-ce que tu as pris ?

— Rassure-toi, je n'ai pas recommencé à me gaver comme une morfale. Non, c'est surtout que j'en ai envie, et tout le temps. Je passe mon temps à lutter contre cette obsession qui m'épuise et me tue à petit feu.

— Si ce n'est que ça, la situation n'est pas dramatique. La preuve : jusqu'à maintenant, tu as réussi à sauver les meubles. Ce qu'il te faut, c'est

146

mieux maîtriser tes envies et tes pulsions. Seulement, il y a quelque chose que je n'arrive pas à comprendre : tu travailles quinze heures par jour. À la télé, comme styliste, et pour les Centres d'amincissement. Si ça continue, je vais même finir par croire que tu m'aimes moins que ton travail, tellement tu me négliges. Alors peux-tu m'expliquer comment, avec cet emploi du temps de cinglée, tu trouves encore le loisir de penser à bouffer ?

– Ce n'est pas une question de temps, Sébastien. Il y a comme un écran entre ma façon de prendre les choses et la réalité. Tu vois, par exemple, lors de ces fameuses journées portes ouvertes du Centre, quand une bonne femme m'explique qu'elle n'imagine pas comment se passer de frites, j'ai beau lui répondre qu'un régime frites-bière est aussi efficace qu'un coup de pied à un cheval de bois je vois deux friteuses dégoulinantes s'interposer entre elle et moi. Une sorte d'hallucination. Et ça ne s'arrête pas là ! L'odeur des frites m'envahit les narines, puis je les visualise en train de s'agglutiner à une grosse tranche de pâté fondant. La tête me tourne, je suis incapable d'écouter la suite de la litanie, et j'éprouve soudain le besoin de m'asseoir. Jusqu'à maintenant j'ai plus ou moins réussi à tromper l'envie avec du pain ou des bricoles du même acabit, mais je sais que l'échéance approche, que bientôt je vais sombrer, retomber dans le gras, et qu'alors je serai foutue.

Mon cher Sébastien... Il n'y a qu'à lui que je puisse ouvrir mon cœur comme cela, évoquer sans détours ce qui me tenaille et me gâche la vie. Le pauvre, comme s'il n'avait pas assez de ses propres problèmes !

Le froid se faisant soudain plus vif, il nous faut quitter le banc et nous remettre à marcher. Sinon, avec notre manque de magnésium, c'est les crampes assurées dans la demi-heure.

— Mais comment peuvent-ils t'avoir laissée dans cet état, dans ton fichu Centre ? lance tout à coup Sébastien, comme s'il réfléchissait à haute voix. N'es-tu là que pour leur servir d'appât, d'échantillon, de spécimen ? Une preuve vivante que l'on exhibe comme un phénomène de foire en disant : « Regardez, messieurs-dames, les résultats que nous pouvons obtenir », et hop, le tour est joué ? Se sont-ils jamais souciés de ton bien-être ? Mais ce sont des professionnels, ou quoi ? C'est fou, ça !

— Que veux-tu ? Je ne leur sers qu'à ouvrir des Centres à tour de bras ! Pire que ça, ils m'ont si bien pressé le citron que pour eux je suis déjà hors course. Car sache qu'ils cherchent quelqu'un pour me remplacer, un autre « poids lourd » du show-biz à faire fondre. Le plus amusant de l'affaire, c'est que sur les trois poids lourds pressentis, aucun n'a voulu franchir le pas et prendre la relève. Contrairement à ce que je pense, il doit y avoir des gros heureux.

– De toute façon, Sonia, ton problème et tes soucis ne relèvent pas de leur compétence. Ils n'ont aucun moyen de les soulager. Leur business c'est « caillez-vous les miches pour perdre vos kilos superflus ». Et là, ils tiennent leurs promesses. Les après, ce n'est pas leur affaire. Or après, sans suivi psychologique, rien n'est réglé.

– C'est justement pour ça que je leur en veux tant de me faire subir à longueur d'année ces opérations portes ouvertes où je suis obligée d'aller dire que je vais très bien, que je ne craque jamais, que les envies de paris-brest ou de chèvre frais je ne sais même plus ce que c'est. Comment peut-on me forcer à mentir à ce point-là ?

– Ne pousse pas, Sonia ! Ils ne te forcent à rien du tout. Tu es bien contente qu'ils t'aient fait perdre plus de cinquante kilos et qu'ils t'aient payée pour ça. Maintenant, que tu n'aies pas la fibre pédagogique, c'est une autre histoire. En étant complice de ce simulacre tu t'es piégée toute seule, comme une grande. C'est exactement ce qui s'appelle vouloir et le beurre et l'argent du beurre.

*

* *

Au bout du compte, qu'il s'agisse de Bernard ou de Sébastien, le discours est du pareil au même. « Aide-toi, ma fille, le ciel t'aidera. » Le Centre n'est pas là pour m'aider à réfréner mes envies, telle n'est pas sa vocation. C'est à moi toute seule de me débrouiller pour savoir jusqu'où je puis aller trop loin. Rien ni personne ne m'empêchera de me farcir une tripes-frites à onze heures du matin et un navarin au déjeuner si j'ai décidé de craquer.

Que mon partenariat avec le Centre n'ait plus de sens, ce n'est ni leur faute ni la mienne[1]. Eux sont de bons marchands de maigreur, ils ont soigné les symptômes extérieurs du mal mais pas guéri le mal lui-même. Dans un monde qui glorifie les apparences, un look de gazelle suffit à faire illusion. On n'en demande pas plus, et peu importe qu'il s'agisse de poudre aux yeux. Si je reste malade, si je réclame plus de soins, si je

---

1. D'ailleurs, on se quittera pour de bon fin février à Bordeaux, lorsqu'une porte ouverte m'aura claqué à la figure.

suis plus exigeante, si je demeure un cas pour la science et si le poids de ma conscience excède largement mes ex-kilos superflus, tant pis pour moi.

En attendant, tout juste a-t-on rappliqué à la maison que, comme d'hab', Sébastien s'affale sur le canapé et se roule un petit pétard.

— T'en veux ? me demande-t-il.

Non merci. Très peu pour moi. Tirer sur le bambou ne m'a jamais permis de voir d'éléphant rose.

— Ça te permettrait peut-être de ne plus faire chier avec ta pizza d'hier, insiste Seb. Mais au fait, je repense à l'une de ces méthodes d'amaigrissement dont tu as eu le secret. Tu te souviens ? Pour t'aider à maigrir, au début, tu étais tombée amoureuse d'une espèce d'épave grungie. Comment s'appelait-il, déjà ?

— Fanfan.

— C'est ça, Fanfan. Dans le genre, tu n'as rien de neuf à te mettre sous la dent ?

— Pas vraiment…

— Alors là est le problème *number one*. Fais quelque chose, Sonia, repars à la chasse ! À moins que ton bonhomme ait un petit goût de reviens-y, sait-on jamais ?

— Mon homme ? En ce moment, il boxerait plutôt dans la catégorie « j'ai épousé une ombre ». Parti tous les matins à huit heures, il rentre généralement aux environs de neuf heures du soir. Pendant ce temps-là, tu t'en doutes, j'ai largement le temps de gamberger. Et puis, en amour, il n'y a pas de secret : plus on se voit, plus on a de trucs à se dire et à partager. Quand on se perd de vue tout ça s'effiloche peu à peu, insensiblement, et l'on finit par trouver indécent de se confier à quelqu'un que l'on fréquente moins, au quotidien, qu'un vulgaire copain de boulot. Du coup, c'est vrai, je me sens plutôt solitaire en ce moment. À part toi, il n'y a guère que Bernard pour me tenir compagnie...

– Ton Bernard, il est tout juste bon à tenir le comptoir de la rue du Dragon. Profession : pilier. Il pue le rat mort, et il est dégueulasse. Entre la shooteuse de ton Fanfan et les kils de rouge de ton « affreux », je crois que je préfère encore celui qui se piquait les veines à celui qui se pique le nez. J'espère que tu te rends compte de ce que tu me fais dire !

– Mais ça n'a rien à voir ! Tu sais pourquoi il boit, Nanard ? Moi je suis certaine que c'est à cause de son père...

– Arrête, je m'étouffe ! Tu n'aurais pas picolé, toi, à voir ton paternel jouer pendant vingt ans les keufs pachydermiques dans *Juge et flics, passion d'une vie* ? Rien que le titre me rendait neurasthénique et pourtant je n'avais pas cinq ans quand ça passait à la télé. Imagine un peu comment il a dû se faire charrier au lycée, ton Bernard, en pleine époque « patte d'éph' » et vacances en mob dans le Larzac, avec un père qui jouait les justiciers incorruptibles et empipés !

– Oui, au fond tu as raison. Il aurait pu encore plus mal tourner. C'est peut-être pour ça qu'il ne m'a jamais répondu quand je lui ai demandé pourquoi il ne faisait pas l'acteur.

– Tu as osé lui demander ça ? T'es piquée totale, toi aussi ! En gros, c'est aussi violent que si je te demandais en ce moment même ce qui te fait envie et de me le décrire, de me dire si c'est un plat chaud, froid, sucré, salé, épicé, s'il y en a beaucoup, si tu as envie de le déguster dans une assiette ou avec les doigts... Cool, hein, comme interrogatoire ? Eh bien tu lui as fait pareil. Au moins, s'il se bourre la gueule aujourd'hui, on saura que c'est à cause de toi !

– Je n'aurais jamais posé ce genre de question avant. Mais au Centre, les bonnes femmes m'agressent tellement avec leurs sempiternelles demandes que je ne sais plus moi-même ce que je peux dire ou pas aux autres...

– Eh bien tu vas me faire le plaisir de te reprendre en main et fissa. Il est plus que temps que tu t'occupes de toi, plutôt que de ceux qui n'en ont rien à faire. Tu vas jouer les égoïstes le temps qu'il te faudra pour aller mieux. Tu vas leur dire merci pour tout, au Centre, et tu verras : une fois dégagée des angoisses des autres, juste en face-à-face avec toi, tes envies et tes tentations vont disparaître. Parce que c'est bien gentil, d'endosser le malheur d'autrui, mais ce n'est pas comme ça que tu pourras te libérer de tes propres angoisses. On dirait presque que tu te cherches un prétexte pour replonger : parce que tu es impuissante à extraire les autres de leurs enfers ou de leurs paradis artificiels, je parle de tes « élèves » comme de tes fréquentations de bistrot, il faudrait que tu te laisses entraîner par le fond. C'est un peu fort de café, quand même ! Ce n'est pas toi qui es en pleine boulimie, ce sont les autres qui t'y collent et tu bouffes pour échapper à leurs satanées conneries ! Il n'a pas raison, ton petit Sébastien ?

– Je veux bien, mais qu'est-ce que je vais devenir si je perds l'argent de mon contrat de pub avec le Centre ?

– Écoute, ma chérie, tu n'es pas veuve, à ce que je sache. Et tu n'es pas un cas social non plus : même si ça fait un trou dans ton budget, avec ce qu'il doit gagner ton bonhomme pourra prendre la relève...

— Surtout pas ! Je tiens à mon indépendance, moi !

— Alors tu sais ce que tu vas prendre, comme résolution ? Avec l'argent que te verse ton Centre, tu vas te payer une psychothérapie.

— Ah non, pitié, ne remets pas ça avec tes psys ! Tu y es allé pendant combien de milliers d'années, toi ? Résultat : un petit pétard par-ci, un complément alimentaire par-là. Pas très joli-joli à voir !

— Tu m'ennuies grave, Sonia. J'ai fait le tour de tout ce que je pouvais te proposer pour t'ai-der à te comprendre, à te détendre, à aller mieux. Tu refuses tout ? Grand bien te fasse. Reste confite dans ta graisse puis crèves-y, ma petite vieille. Tant pis pour toi.

Et Sébastien de se casser sur l'instant, après avoir sauté dans son blouson WLT en mou-moute synthétique avec capuchon nounours intégré. Sans réfléchir, comme dans l'espoir de le rattraper, je me suis précipitée sur le palier. Trop tard, il avait déjà filé.

Chapitre 5

Il est minuit moins une, docteur Merchot

Évidemment, ça ne rate pas. Non seulement je fonds en larmes mais mon aspirateur se remet en marche, mode surrégime, réglé sur « turbo-réacteur mach 2 ».

Ayant complètement pété les plombs, je suis en train de me beurrer d'énormes tartines de pain de mie. La première engloutie se trouve aussitôt suivie d'une autre. Lui succèdent une troisième, une quatrième et une cinquième coup sur coup. Complètement hagarde, je cours m'écrouler dans un fauteuil avec mon costume d'éléphant.

Deux minutes après, dans un éclair de lucidité, je tente de me reprendre. Je me relève et vais me peser. Trois kilos de plus en quelques jours, c'est la pente fatale.

Un coup d'œil dans l'armoire. Vite, une canule verte et molle pour me libérer d'un seul coup. Si je me l'enfonce ça va faire mal, mais si je ne le fais pas je continuerai à gonfler. Tant pis, je ne peux pas rester comme ça.

Encore deux minutes et je vais tout expulser. Le problème c'est que, quelquefois, ça ne s'arrête pas là. L'effet peut durer des heures. Alors je ne me rhabille pas et ne sors plus de la maison. Inutile de me donner en spectacle. En plus ça pue, ce qui n'arrange rien.

Aujourd'hui, je ne sais pas pourquoi, mais la maudite canule me fait particulièrement souffrir. Et je n'expulse pas grand-chose comparativement à la quantité de pain que je me suis mise dans le claque-merde. La sueur me perle au front, je suis prise de tremblements, j'ai l'impression que la salle de bains se transforme en igloo tellement je pèle de froid. Pire, je m'aperçois soudain que j'ai du sang plein les mains.

Terrorisée, je hurle et tombe dans les pommes.

*

* *

Quand mon bonhomme revient, il me trouve étendue dans ma daube et mon sang, à moitié crevée, le bide comme celui d'un poisson mort, énorme, dur, blanc.

– Hé ! Qu'est-ce qui se passe ? Sonia, qu'est-ce que tu as ? Ne bouge surtout pas, je téléphone au Samu !

– Non, pas le Samu, je vais t'expliquer... J'ai seulement mal au ventre... Appelle juste le toubib...

– Il ne viendra jamais de Montmartre !

– Alors rien...

– Oh que si !

On mettrait ça dans un film que personne n'y croirait : à l'instant même où mon bonhomme décroche le téléphone pour appeler les pompiers, on sonne à la porte. C'est Éric Merchot, notre pote docteur, qui passant par là venait prendre de nos nouvelles.

De *mes* nouvelles devrais-je dire. Très cher Merchot mon ami. Je l'aime parce qu'il est à la fois médecin, peintre, gros, brillant, célibataire, qu'il me donne des médicaments contre mes angoisses et mes hallucinations, et parce qu'il a de drôles de gestes magiques qui me guérissent toujours.

– Tu tombes vraiment bien, Éric ! l'accueille mon bonhomme. Viens vite, Sonia va mal, j'allais justement appeler le Samu...

– Où est-elle ?

– Dans la salle de bains.

Un instant plus tard Merchot se penche déjà sur moi, l'air inquiet et ennuyé.

– Tu n'as pas encore fait ça ? me dit-il. Mais tu es folle ! Écoute-moi bien : si ça continue tu vas te péter les intestins et on ne pourra plus rien faire pour toi. De toute façon je n'ai même pas ma mallette – je venais juste en ami –, alors il faut qu'on te fasse transporter.

– Non, je t'en supplie, pas l'hosto ! Même quand j'ai mes hallucinations de bouffe qui me prennent, même que quand je me vois en poulet en train de rôtir dans le four et que je me lèche les bras pour sentir ma sauce couler, j'ai toujours réussi à l'éviter. Alors c'est pas toi qui vas m'y foutre, à l'hosto !

Par peur ou autrement, la douleur s'efface comme par enchantement. J'arrive à m'accrocher au lavabo, puis à me relever. Voilà, je suis debout. Par terre traîne encore la canule de tout à l'heure. Elle aussi est maculée de sang. Je comprends tout. Comme moi, mon bonhomme et Éric Merchot se sont affolés un peu vite. J'ai simplement dû me péter un petit vaisseau en m'enfonçant cette saloperie. Rien de plus, et cela explique pour quelle raison j'ai eu si mal. Pas de quoi en faire un fromage, c'est comme si je m'étais mouchée trop fort.

Je demande à mon bonhomme de me laisser deux minutes avec Merchot pour lui expliquer tout ça. Il se retire. Trente secondes plus tard, après une rapide auscultation, Éric me confirme qu'il s'agit d'un petit truc qui a claqué. Dans la foulée, il ne manque pas l'occasion de m'avertir que ça va se passer de la même façon dans mes intestins si je poursuis mes conneries. Alors, joignant le geste à la parole, mon bon docteur vide une à une mes canules dans le lavabo. Le précieux gel allégeant s'en va avec l'eau du robinet.

Puis Merchot m'aide à me rhabiller. Me passe de l'eau de Cologne sur le visage. Un quart de seconde je repense à Bernard et me demande comment il a pu en boire. Ça sent l'hospice, la petite vieille qu'on essaie d'entretenir. Je raconte à Éric que l'un de mes potes a bu de cette eau de Cologne. Il me répond d'un ton peu amène qu'il n'en a strictement rien à foutre, que mon cas lui suffit amplement et que d'ailleurs je ferais mieux de me concentrer sur ma dinguerie plutôt que de m'occuper de celle des autres.

— Et maintenant, ajoute-t-il lorsque nous revenons dans le salon, tu vas t'asseoir et m'écouter.

Je m'assieds donc, les bras sagement croisés sur la table de la salle à manger, et j'écoute la leçon tête baissée. Ça me rappelle mon enfance, quand mon père s'adonnait à son plus grand plaisir : détailler les notes que je rapportais sur mon bulletin. Ça se finissait toujours en pleurs dans les jupes de ma mère et en tranches de pain perdu avalées entre deux sanglots pour oublier que j'avais les fesses bleues pour trois semaines, tout ça parce que j'étais classée dixième, seulement dixième.

Ce soir c'est pareil. Sauf que personne ne va me battre, je n'ai plus l'âge et les gens préfèrent la torture mentale. Car voici ce que je m'entends dire par un homme de cent vingt-quatre kilos – attention du peu ! – dont la seule fonction de médecin autorise tout :

– Tu vas te nourrir de sucres lents pendant huit jours. Et pas la peine de vociférer que tu vas regrossir, Sonia, si tu m'écoutes ton poids ne bougera pas.

L'imbécile me connaît moins bien que je ne le pensais. S'il croit que je vais lui opposer une quelconque résistance verbale, il se fourre le doigt dans l'œil jusqu'à l'omoplate. Je suis de celles qui ont passé leur vie à courber l'échine devant leurs parents, les enseignants, les curés et les rédac-chefs au turbin pour mieux n'en faire qu'à leur tête. Alors cause toujours, mon pote. Oui, c'est ça, je vais alterner lentilles, riz, pâtes et pommes de terre... Et pourquoi ne pas troquer mon pèse-personne contre une balance de foire aux bœufs, pendant qu'on y est ?

– Tu comprends ce que cela signifie ? insiste lourdement Merchot.

– Je comprends parfaitement, Éric. Il faut que je me retapisse les boyaux, que je me reconstitue une flore intestinale, que je prenne des fibres en quantité suffisante ainsi que des sucres lents pour ne pas défaillir. Remarque, tout ça je le sais. Mais j'aime bien quand tu me le redis, ça me redonne confiance...

– Eh bien justement, reprend ce faux frère, j'en ai assez de me répéter alors que tu ne tiens aucun compte de mes avertissements. Tu n'auras pas toujours la chance d'avoir quelqu'un derrière toi pour te servir de béquille. Je te le dis en ami, pas en médecin : arrête de bluffer, de dire oui pour faire aussitôt le contraire. Tu nous les casses, Sonia, et menu. Alors tu réagis, ou tu vas te faire voir.

À croire qu'il lit en moi comme dans un roman de gare ! Avec ses grands airs, il commence à sérieusement m'agacer. Moi qui le voyais déjà me donner le bon Dieu sans confession, il me voue à tous les diables, et sans concession. Le salaud ! Le pire, c'est qu'il n'a pas fini d'enfoncer le clou :

– Bon, moi j'étais venu dans le secret espoir de me faire inviter à dîner, mais ce soir tu n'es manifestement pas en état. Alors je te vole ton bonhomme – s'il le veut bien – et je l'emmène au restaurant du coin. Ça te laissera le temps de réfléchir à tout ça, Sonia…

Et mon Loulou d'accepter sa proposition puis de me planter là comme une vieille chaussette. C'est le bouquet. Qu'ils aillent se faire voir !

*

*   *

Maintenant qu'ils sont partis bras dessus, bras dessous, je vais pouvoir aller me repeser. On ne sait jamais, malgré le peu que j'ai éliminé tout à l'heure, peut-être l'aiguille va-t-elle pencher du bon côté de la balance ?

Zut de flûte. Toujours soixante-quinze kilos au lieu de soixante-treize. Les mégaboules. Et je n'ai même plus de canules, avec ce gros con qui est venu se mêler de Dieu sait quoi ! À tous les coups, en plus, il est en train d'embobiner mon bonhomme.

Sûr qu'entre anciens camarades de lycée, ça doit papoter sec. Genre avec tout le boulot qu'il a, mon bonhomme, ce n'est vraiment pas le moment que je le fasse chier. Et que je ferais bien de me tenir tranquille au plus vite. Et que sinon ils ne vont pas tarder à me placer en lieu sûr.

Alors je me dis que l'hôpital psychiatrique n'est plus un fantasme de petite fille égocentrique qu'on plaint d'avoir une araignée dans le plafond, mais qu'avec mes histoires de beurre en motte et de sac aspirateur c'est en train de devenir une menace très réelle et pas du tout marrante pour moi. Parce que je le sens, je le sais, ça me pend au nez : ces deux grands lâches qui m'ont abandonnée pour aller se goberger sont en train de conspirer mon internement dans le quartier des malades du citron, voire des fous furieux.

Personne de sensé n'étant capable de vivre avec une femme « aspiricide », une tueuse d'aspirateur, je ne peux même pas lui en vouloir, à mon bonhomme. J'ai trop attendu des autres, jusqu'à m'en rendre complètement dépendante. Et cette fois j'ai bel et bien failli aller trop loin, atteindre le point de non-retour. Alors si je ne veux pas qu'on me la joue *Vol au-dessus d'un nid de coucou,* il faut que je me reprenne et au plus vite. Fini de faire suer les gens. Stop, la peur continuelle d'être rejetée et de la solitude qui va avec. Ça suffit de jouer les butées, de rêver ma vie au lieu de la vivre, les « c'est moi qui vais gagner, d'abord, na-nanère ». Je vais devoir accepter de lutter toute mon existence contre mes envies mais sans que cela devienne une obsession, sans y perdre la tête. Pour me sauver, pour ne pas retomber, pour ne jamais redevenir un éléphant, il faut que je cesse de tromper énormément.

*   *

Deux jours passent dans le même état d'esprit. Car non seulement j'assume, je tiens le coup, mais j'ai l'impression de m'ouvrir au monde. Et c'est là-dessus que, me promenant nez au vent, je découvre par hasard un endroit perdu, oublié des dieux, un petit restaurant tenu par deux bougnats sans âge.

C'est une grande pièce comprenant six tables seulement, des rondes et des carrées, avec au bout un poêle à charbon qui ronfle jour et nuit depuis quarante-quatre ans. En plus du couple qui vit arrimé à son comptoir, il y a une femme à tout faire, un cuistot et « Quasimodo ».

Quasimodo ? Il devrait être grand, normalement, s'il se tenait droit. Seulement voilà, il a une bosse qui le fait naviguer en crabe. Il devrait être beau, ses traits sont fins et ses yeux bleus, mais il affiche une unique paire de dents. En plus, avec son accent turc à couper à la scie à métaux, cela lui vaut un chuintement qui le rend totalement incompréhensible. Sauf pour moi. Comme je suis née très dure de la feuille, j'ai depuis mon plus jeune âge l'habitude de regarder les gens bien en face. Ça me donne parfois l'air d'une allumeuse, mais qu'on ne s'y méprenne pas : c'est juste pour déchiffrer, sur les lèvres de mon interlocuteur, ce qui m'est utile à une réponse cohérente.

Quasimodo et moi entamons donc une petite conversation sur le moelleux du chèvre frais, la couleur de la nuit l'hiver avant la neige, et autres choses essentielles sur lesquelles il a un avis et moi de quoi le relancer.

Car il me subjugue, cet homme-là. Il vient d'un autre monde où seuls comptent le travail et la paie qu'on ramène à la maison. J'essaie de savoir d'où il arrive. De Paris, rétorque-t-il sans sourciller. Il y a si longtemps qu'Ankara ne signifie plus rien de concret pour lui... Sauf la peur, celle d'être coincé comme immigré clandestin, une angoisse qui n'a cessé de s'aggraver depuis l'époque de ses premiers boulots. Des boulots à côté desquels celui-ci doit lui sembler une sinécure.

Je me risque à lui demander quels furent précisément ses premiers métiers, quand il arriva dans notre beau et grand pays.

– Le bâtiment, me répond-il.

Il était peintre, au noir – ça c'est un pléonasme – dans de grandes entreprises de BTP. Puis un jour il est tombé d'un échafaudage, et comme il n'avait pas la moindre couverture sociale il lui en est resté cette bosse dans le dos et ces mâchoires presque totalement édentées.

Les deux vieux bougnats, qui avaient vu l'accident depuis leur restaurant, se sont pris d'affection pour lui. Il l'ont retapé mais pas trop, puis réduit en servage. Entendez par là qu'il travaille dix-huit heures par jour, en contrepartie de quoi il mange, boit à volonté (de l'eau parce qu'il est musulman) et change de pantalon deux fois l'an.

Je ne sais plus quoi lui dire. Il force mon respect. J'ai l'air de quoi, avec mes problèmes à quatre sous ? D'une petite bourgeoise vaguement névrosée alors qu'il y a des gens comme lui qui affrontent leur sort en vivant au jour le jour, tout simplement, et sans jamais se plaindre.

Quand mon omelette arrive, il me dit « miam-miam » et m'invite à la manger avant qu'elle ne refroidisse. Dois-je le faire devant lui ? N'est-ce pas un peu indécent ? Non. Lui le ferait. Lui fait tout ce que la Nature lui impose. Il mange pour vivre, travaille comme un mulet pour survivre, courbe l'échine devant le bougnat pour ne plus sentir sa bosse. Soudain je suis prise d'un sentiment de honte irrépressible. Comment ai-je pu être aussi enfant gâtée, aussi inconséquente alors qu'à vingt minutes de chez moi un petit Quasimodo vit sagement sa misère ?

Ma petite voix revient se faire entendre tandis que je le regarde sans perdre une miette de ses gestes. Qu'est-ce qu'elle va me dire encore ?

« Tu vois, ma poulette, si je suis restée muette pendant deux jours, c'est que les laxatifs, les cris, les pleurs et les errements sur ta balance, je n'en peux plus. Tu n'as plus aucune dignité, tu me fais honte. Tu ne partages rien, plus rien avec qui que se soit. Mais là, ce soir, alors que je croyais qu'on ne se parlerait plus jamais tu m'émeus, peut-être parce que tu es en train de comprendre quelque chose. Tu vas aller au monde avec des yeux neufs, de nouveau-né. J'espère qu'en regardant Quasimodo tu vas tuer en toi la bête immonde. L'égoïste petite fille, la Pasionaria du Double Big Mac. La vie c'est ça. La vie c'est lui : Quasimodo. Mais c'est aussi fragile que rare. Alors si tu veux t'en sortir regarde-le bien en face, c'est lui ta solution, ta planche de salut. Pourquoi ? Parce qu'il est l'inverse de toi. Comme il n'a jamais rien possédé et qu'il n'aura jamais rien, que lui reste-t-il, à

Quasimodo ? Tout le reste, le monde entier, les autres. Il est riche de ce dont tu te prives : les autres, tous les gens. Il va vers eux en n'ayant que sa force de travail pour bagage et pour passeport. Lui n'a pas le loisir de penser à son petit ego, ni celui de songer à « soigner sa coiffure » : faut qu'il bosse, toujours, qu'il aille de l'avant sans s'arrêter. De toute façon il n'a ni le temps ni l'envie de se poser des questions, de faire des marches arrière et de redémarrer... »

Je ne me lasse pas de le contempler, cet homme qui fut beau et grand. Et que le boulot a cassé, la vie également. Pourtant il demeure en lui quelque chose d'étrangement intact, qu'aucun événement extérieur aussi fort soit-il ne parviendra jamais à ébranler. D'où vient une force pareille ? Manifestement ça ne s'achète pas. Il est né comme ça, avec elle, comme moi je suis née avec ma petite voix. C'est des trucs qu'on a tirés à la loterie avant d'arriver sur la Terre, des bons points distribués d'avance par le bon Dieu et qu'il nous fait payer très cher.

A priori j'avais tout pour que rien ne change, pour ne jamais rencontrer ce genre de type ni pour trouver dans sa dégaine de Bossu de Notre-Dame une réponse à mes questions. Car

de quels maux si terrifiants puis-je bien souffrir ?
Aucun comparativement à lui. Baver devant un
plat de cassoulet ou reprendre du blanc de poulet, ça ne va vraiment pas chercher trop loin
comme drame existentiel.

Parce qu'en fait il ne s'agit que de ça. Une
espèce de babillage enfantin, un jeu de rôles
entre ma vision du monde pervertie par la frime
et mon aspirateur œsophagien tellement inspiré
par le paris-brest. Tout ça parce que, quand
j'étais petite, j'allais dans un collège de riches
où je n'avais pas ma place, vu l'état des finances
familiales. Pour compenser les châteaux de mes
copines alors que je portais des jeans rapiécés,
je mentais sur la situation de mes parents, m'in-
ventais un père capitaine au long cours ainsi
qu'une mère nostalgique et argentée se prélas-
sant quelque part entre Lugano et Bergame.
Seulement voilà : imaginer des pays, des villes,
des frères et sœurs inconnus ça creuse. Oui, le
mensonge donne faim.

Quand j'y pense et que je regarde Quasimodo, je me trouve tout d'un coup d'une pau-
vreté abyssale. Je me dégoûte, je me renie ainsi
que tous ceux que je fréquente, de Nanard à
Sébastien, ces titilleurs de nombril qui me valent
bien. Au secours ! On a perdu le sens commun.
On ne sait plus ce qu'est la vraie misère

humaine : ne pas avoir de pays, de famille, d'attaches quelles qu'elles soient ; d'errer ici ou ailleurs en sachant que ça ne changera rien puisqu'on ne vient plus de nulle part, et qu'on ne sera plus jamais chez soi ni en France ni d'où l'on vient.

Quasimodo puise donc sa force de survie dans le quotidien, les habitudes, les amis. On pourrait croire qu'il ne connaît personne, qu'il n'aime personne : faux. Quand on ne possède rien à soi, on se fait un cadeau de tout. C'est comme ça qu'il procède, Quasimodo. Jamais seul, même avec des potes qui parlent vingt langues différentes. Une vraie tour de Babel en réduction, entre comptoir et poêle à charbon.

Au lieu de cela, moi je me suis complu dans la compagnie de trois névrosés à mon image : un gros, un maigre, un alcoolo, tous suicidaires, tous à jeter. Plus un bonhomme qui me trompe depuis beau temps avec ses ordinateurs. Non, je ne vais pas les mettre à la poubelle, mais simplement les faire descendre de leur piédestal. Ils ne sont ni pires ni meilleurs que tous les autres, ils essaient de se battre avec leurs armes, brillants dans leur boulot et paumés dans la vie. Je ne dois ni les plaindre ni les juger mais les prendre comme ils viennent. C'est avec ce recul-là, en gardant la tête bien froide quand je passe un moment avec eux, que je pourrai me sentir bien avec les autres autant qu'avec moi. Pour cela, il faut que je sache parfaitement qui je suis, que je m'accepte telle que je suis...

« Alors qui es-tu, petit scarabée méritant ? » saisit au vol ma petite voix.

Eh bien voilà, je suis une nana de trente-trois ans, un peu artiste, un peu journaliste, qui ferait volontiers des trucs genre reportages bien trapus. Pas la guerre du Golfe en jupons, mais costauds quand même. Ce qui me brancherait franchement, ce serait devenir une sorte de Günter Walraff à la française, cet écrivain-enquêteur allemand qui, dans les années quatre-vingt, s'est grimé en Turc et fait passer pour un clandé. Pendant un an, il a vécu tout ce qu'on peut vivre quand il faut donner à croûter à sa petite famille : le travail en usine la nuit, quand les « vrais ouvriers » sont partis (en sidérurgie, c'est bon pour les poumons), le jour cobaye pour produits pharmaceutiques, comme si le docteur Mengele avait fait des émules. Et autres gâteries du genre ! Bref, Walraff s'est immergé douze mois dans la vie d'un autre et s'y est totalement oublié pour mieux en arriver à une critique objective du système, certes, mais aussi et surtout pour mieux goûter sa chance d'être né avec la couleur de peau et la nationalité qu'il fallait.

Cette admiration pour Walraff remonte à la fac, à un exposé que j'y avais fait sur les travailleurs clandestins du Sentier, et je me suis souvent demandé pourquoi je n'avais pas continué dans cette voie plutôt que de choisir les éphémères paillettes télévisées. Peut-être par facilité. En tout cas, maintenant que j'ai fait le deuil de vivre un jour sans aspirateur dans l'estomac, je me dis que la meilleure façon de le faire taire n'est pas de m'exhiber mais de montrer les autres. De faire ressortir leur richesse et leur différence, comme si d'avoir compris la mienne me hissait à une sorte d'universalité.

« T'aurais pas les chevilles qui doublent de volume ? » grince ma petite crécelle.

Ah, tu crois que c'est de l'arrogance ou de l'autosatisfaction ? Eh bien, pour une fois, tu te trompes sur toute la ligne. Je ne prétends pas tout comprendre des autres, loin de là, mais juste mettre un peu de mon histoire au service de la leur. On dit souvent d'un comédien qu'il est une « éponge », que plus il l'est, mieux il entre dans la peau du personnage qu'il doit incarner. Pareil pour moi, je veux devenir l'éponge des gens ordinaires. Ceux dont on dit qu'ils n'ont pas d'histoire parce que plonger dedans et la raconter prend trop de temps, demande non pas du verbe et des effets de manche mais un travail de fourmi. Pourquoi raconter la vie des ouvriers, des petits et des obscurs quand écrire quarante pages sur « L'Affaire OM-VA » rapporte dix mille fois plus ? Parce que si nous cédons tous et définitivement à la facilité, un jour nous ne trouverons plus, dans les journaux et les livres que nous lisons, que des ramassis de poncifs éculés sur des faits de société mineurs mais volontairement montés en épingle pour cacher la forêt de l'être humain. L'*homo faber*, l'*homo ludens*[2] comme disait Eugenio d'Ors. Toutes les facettes de l'*homo sapiens*. Celles sur lesquelles le gloubiboulga que l'on nous sert à la grand-messe de vingt heures ne veut surtout pas s'attarder. Eh bien moi je vais m'en occuper. Je vais montrer les gens tels qu'ils sont.

— C'est quoi, votre vrai nom ? demandé-je à Quasimodo.

— Ali. Je m'appelle Ali.

Au nom d'Ali, je m'engage à parler de tous ceux qui n'intéressent personne, parce qu'aucun de nous ne les connaît. Curieux comme d'un

---

2. L'homme qui travaille, l'homme qui s'amuse.

coup je n'ai plus faim, je n'ai plus d'aspirateur, je n'ai plus envie de nougat mou au café mais de me battre, pas seulement pour moi mais pour tous ceux qui n'ont même pas le droit de dire qu'ils ont faim !

*

* *

Le vendredi suivant ma revue de presse est détartrante. Je me demande à haute voix – en interpellant mes téléspectatrices – comment la France peut se plaindre d'aller mal en exhibant sur les podiums des défilés de mode des robes en blue-jeans à quatre-vingt mille francs ? Je ne peux pas me radoucir, rien à faire. Depuis que j'ai rencontré Ali, je me demande comment j'ai pu laisser passer trente-trois ans de ma vie en me foutant la tête dans les frites pour être certaine de n'avoir rien vu, surtout pas des types comme lui. Je ne sais pas mais après l'émission je m'en ouvre à mon petit bonhomme, mon rédac-chef. Lui qui a fait le tour du monde a sûrement une idée là-dessus, alors je lui déballe Quasimodo et mon envie d'écrire, de tourner quelque chose sur lui.

– Tu vas faire quoi ? D'abord, qu'est-ce que t'as à dire sur les clandestins, leur boulot et leur famille ? Tu secoues un baobab et il en tombe vingt mille à Paris. T'as pas d'angle, et puis je vais te dire un bon truc, cocotte, le reportage ça ne paie pas un clou. Je sais de quoi je parle. Alors laisse tomber tes montées d'adrénaline façon « mère Teresa » et bosse ta revue de presse.

Donc comme ça, même lui ne croit plus en rien, est revenu de tout ? C'est peut-être pour cette raison que depuis dix ans on ne lui a pas confié une mission plus loin que la porte d'Italie. Mais enfin quand même, je pensais qu'il avait encore un semblant de foi, un reste de feu sacré qui couvait sous la cendre ! C'est un peu facile de parler, le col de la chemise blanche ouvert, de la misère au Tibet, en Inde ou en Argentine. Une misère exotique que l'on choisit le plus lointaine possible pour bien démontrer au « bon peuple » que ça ne pourra jamais arriver ici.

Pensez donc !

Eh bien tant pis pour moi. Je n'aurai qu'à me battre encore plus. En premier lieu je dois retourner voir Ali et le questionner – en douceur – sur ce qu'il fait en ce moment. Histoire de voir s'il est encore branché sur les réseaux de clandestins et si ça vaut vraiment le coup de monter un truc.

*

*   *

Aussitôt sortie de l'avenue Montaigne je prends la direction du bougnat, et je n'y vais pas par quatre chemins :

— Bonjour, monsieur, vous vous souvenez de moi ? Je suis venue dîner avant-hier...

— Oui, oui, qu'est-ce que je peux faire pour vous, ma p'tite dame ?

— Eh bien voilà, je voudrais savoir si Ali est là, s'il vous plaît ?

— Ali ? Pourquoi, il vous intéresse ? Je vous préviens, y a vraiment pas de quoi. Cette espèce de fainéant, de Turc émigré n'en branle pas une. Notez, quand je dis ça c'est pas vrai. Ce qu'il fait, ce gars-là, y a pas un Français à qui je le donnerais à faire qui me dirait oui. Vous pouvez aller le voir, il coupe du bois pour la cheminée dans la cour. Mais je vous préviens : vous ne me le distrayez pas deux heures. Et puis je me demande ce qu'une dame comme vous peut lui vouloir, vous êtes pas aux indirects, au moins ?

— Non, je vous rassure tout de suite, je ne travaille pas aux impôts. Je ne savais d'ailleurs pas que j'avais une tête d'inspecteur...

Charmant, le vieux bougnat ! Bon, allons-y.

Bon sang ce que ça pue, dans cette cour. Le jour n'a jamais pénétré jusqu'ici, au fond de ces dix mètres carrés avec des latrines dans l'angle. C'est d'ailleurs de là que s'échappe l'odeur putride qui m'a prise à la gorge.

Ali coupe du bois, cassé en deux sur sa hache. Je m'approche de lui en ayant peur de prendre une bûche sur les pieds, un coup sur la tête ou un éclat de bois dans les yeux. Et puis j'ai l'impression de déranger, bref je ne suis pas à l'aise. Mais ce qui me gêne le plus, dans ce cloaque, c'est mon propre corps. Qu'est-ce que je peux faire de mes grands bras inertes, de mon ventre refoulant son trop-plein de peau dans les poches de mon pantalon? Alors je ne bouge pas. Je me sens de trop. Pourtant il va bien falloir que je lui dise quelque chose.

Ça y est, j'ai trouvé. La meilleure façon de communiquer avec Ali, c'est de lui tendre les morceaux de bois qui restent à couper et de ranger au fur et à mesure ceux qu'il a débités. Comme ça on n'a pas besoin de se parler beaucoup, mais je lui signifie le plus sûrement possible mon affection en partageant quelques instants son travail.

Je commence par me baisser. Vu de l'extérieur, rien que de très normal. Une grande fille plutôt bâtie comme une bûcheronne et qui aide aux tâches quotidiennes, c'est la vie. Mais pour que je me baisse, il faut que mon avant-bras gauche tienne la peau de mon bide, sinon ça me coupe le souffle et quand je me relève je suis toute bleue. Évidemment, dans ces conditions, je me montre assez maladroite. Ce que ne manque pas de remarquer Ali.

— Ben dis donc, madame, c'est gentil de m'aider, mais je crois que c'est vraiment pas pour vous. C'est qu'il faut avoir drôlement l'habitude de se baisser. Moi c'est pratique, je suis toujours plié en deux, le problème ne se pose pas.

Me v'là bien. Comment puis-je prétendre écrire ou tourner des images sur la vie de cet homme si je ne suis même pas capable de me plier en deux ? Et puis il faut que je me débarrasse de mes complexes d'hypertrophiée du bourrelet que tout fatigue, que le moindre effort épuise autant physiquement que mentalement. Fini de tout faire pour éviter le regard des autres sur moi, de craindre leur jugement. Fini de ne fréquenter ni terrasses de café ni transports en commun aux heures de pointe, de rester debout dans le métro de peur d'utiliser deux places assises et d'entendre une vieille mamie acariâtre dire à sa meilleure vieille amie : « Mais comment peut-elle s'enlaidir à ce point, en étant si grosse ? » Cela m'est arrivé, un jour que j'allais à la fac...

Malgré mon incapacité à l'aider dans son travail, je voudrais lui parler et qu'il me raconte des choses. Comment m'y prendre ? Heureusement pour moi, Ali quitte la sombre courette. Je regagne la pièce-restaurant avec lui.

– Ali, est-ce que vous mangez, à midi ?

– Oui. Mais plus tard, après le service.

– Vous croyez que je pourrais faire le service ?

– Non, le patron ici c'est pas un drôle, et puis pourquoi vous voulez faire le service ? Vous avez besoin d'argent ?

– Je ne sais pas, mais besoin de travailler oui, ça c'est certain.

– Alors allez lui demander, mais je ne pense pas que vous aurez de la chance...

Évidemment, je me fais envoyer sur les roses.

– Non mais vous plaisantez ? J'ai dit que des étrangers ici, il n'y a qu'eux qui bossent sans broncher. Et puis vous, vous avez une trop bonne tête.

Une trop bonne tête, c'est ça. Une tête de trop bien nourrie, oui, trop bien élevée, un rien bébé Cadum mâtinée d'école de bonnes sœurs. Je sens la fille à qui il ne faut rien montrer de pas trop catholique, et qui préfère sentir l'eau de Cologne à la violette que les frites. Quel imbécile.

« Non, ce n'est pas un imbécile. Il a même bien raison, le brave homme. »

Seule moi ? Jamais. Merci ma petite voix.

« Non mais tu t'es vue, dans ce restaurant de misère, en train de faire le service ? Tu veux que je te chante *Moi, j'essuie les verres au fond du café*, pendant qu'on y est ? Il a raison le patron ! Parce que ça se voit comme la tour Eiffel au milieu du Champ-de-Mars que tu n'es pas faite pour ça. Il ne suffit pas d'avoir de la bonne volonté, il y a un moment où il faut vraiment retrousser ses manches. Et toi, tu n'en es pas encore là. D'abord t'arrives maquillée comme un pot de Valentine, après c'est pas pour dire mais le bougnat c'est plutôt le gars rustique, et toi tu te pointes en blazer et pantalon de tailleur Cerruti ! C'est pas que ça lui fasse peur, c'est qu'il n'est pas débile et te trouve inadaptée à l'endroit. Car là est bien le problème, ma petite fille, tu es encore trop souvent inadaptée aux endroits que tu essaies de découvrir. »

Comment ça, inadaptée ? Elle voudrait me faire croire qu'après toutes ces années de travail sur mon look j'ai encore l'air grotesque ?

« Exact. Tu marches lourdement, les pieds en canard, comme s'ils ne te portaient plus. Ou bien on a l'impression que tes genoux te font horriblement souffrir, parce que lorsque tu t'assois tu les masses comme avant, quand ils menaçaient de céder à chaque instant. Pareil pour ton dos et tes épaules, tout ça est très voûté et manque d'assurance, de souplesse. Tu te replies sur toi comme si tu ne voulais pas que l'on sache que tu as changé, mais ce vieux monsieur ne t'a jamais vue avant ! Alors mets-toi à sa place : arrive dans sa taule une jeune femme plutôt cul coincé avec cheveux propres et vêtements de luxe, petit boa emplumé autour du cou, mais à la démarche pesante et raide. Comme il t'a surprise – parce que le bougre te surveillait du coin de l'œil – en train de te tenir les plis du ventre et de souffler comme un bœuf en te relevant, que veux-tu qu'il pense de toi ? Que t'es une sorte d'allumée du coin qui prend pitié des immigrés comme les petites vieilles des pigeons ? Tiens, c'est ça, il ne te manque plus qu'un chapeau avec des cerises dessus et tu deviendrais le portrait idéal de la vieille folle du quartier. »

Non mais ça va, basta, je suis pas un monstre ni une petite vieille non plus !

« Pas un monstre ? Je n'en suis pas si certaine que cela. Tu comprends, avant, quand on te regardait, on se disait : "Voilà un gros boudin sympa, rigolote, vivante, dynamique et tout ce qui s'ensuit, mais boudin quand même." Maintenant, on ne sait plus. Si tu étais toi-même, on se dirait bien : "Voilà une nana pas mal, plus jeune-jeune ni trop minette, mais bon ça n'engage à rien de lui demander son numéro de téléphone." On aurait pu croire qu'une fois mince – ce qui était une vraie gageure – tu deviendrais comme tout le monde : petit tailleur anthracite, avec les escarpins et la Mini Austin assortie option Kelly Hermès, ou bien l'éternel look Birkin revisité kitsch. Mais non, on en a pour le même poids d'excentricités qu'avec l'originale. Tu passes toute ton énergie et tout ton temps à brouiller les pistes, à te faire blonde alors que tu es brune, rasée puis les cheveux tombant dans le dos à la Dalida, plastifiée par Courrèges puis portant des haillons grunges, voire affichant un look Mao (normal en ce moment puisque tu nous la joues rééducation par le travail manuel). À quand le genre Georges Clooney dans *Urgences,* ou Courtney Love dans *Larry Flint*? Là au moins il y aurait du spectacle. Au secours ! Finalement, je rejoins la longue cohorte de ceux qui t'exhortent à te ressembler au moins deux jours de suite. Mais qui es-tu, étrange créature de *Mars Attacks*? Quand es-tu toi et quand es-tu déguisée? Si tu y mettais bon ordre, tu finirais par faire tomber les dernières distances que tu crées entre toi et les autres. Et pourquoi jouer les guevaristes anti-journal-de-mode à la télé si c'est pour te gaver d'artifices dans la vie ? C'est le nouveau déplacement tellurique de ta boulimie, le mouvement perpétuel de l'apparence pour échapper à toute ressemblance fortuite avec Sonia Dubois ? »

Arrête de divaguer, la petite voix. Si je te suis bien, tu es en train de m'expliquer que mon passé me répugne, que je me fais honte et que ne sachant pas comment oublier ce que j'ai été je change de gueule et de fringues tous les jours ? En gros, je virerais à la maniaco-dépression. Complètement cyclothymique, je ressemblerais à ma vocation du jour, tantôt coincée pour la TV tantôt jeans craqué pour aller voir Nanard ou Seb. Je vais te dire qui je suis moi, la petite voix, car tu n'as rien compris : quand j'étais petite, je faisais toujours le même songe, je voulais être comme tout le monde. Oui, commune. Passe-partout. La petite fille sur laquelle personne ne se retourne sauf pour dire : « plutôt bonne en piano » ou « si elle continue comme ça on en fera une instit' ». Dans ce songe, j'avais les cheveux longs, raides et blonds. J'étais mince, j'avais une sœur – confidente, et je rêvais que j'étais instit', que je me marierais avec un docteur, que j'aurais quatre enfants, un garçon et trois filles dont une qui s'appellerait Charlotte. Parce qu'une institutrice bien mariée et avec plein de beaux enfants, cela me semblait le summum du bonheur. Or je n'avais rien de tout ça. Je m'appelais comme une pute de Pigalle, mes parents n'étaient pas médecins, on me gavait, je n'avais pas de sœur, j'étais une calamité au piano et médiocre dans les petites classes, où j'étais jugée asociale. Normal, j'avais inventé le bonheur dans ma tête et je n'en sortais plus. À cinq ans, la réalité m'était déjà la chose la plus insupportable du monde. Je savais que jamais je ne saurais vivre dedans, et en même temps je n'avais de cesse de m'y fondre. Donc, la petite voix, toute ma vie d'adulte résulte de cette confrontation enfantine : pauvre parmi les riches et riche parmi les pauvres, je m'habille comme une starlette du cinéma muet et rêve d'être serveuse dans un restaurant de bougnats. Je déambule dans Paris en jeans élimés et je pleure de ne pas y voir Tom Cruise lécher le pavé pour me suivre, mais je rêve de travailler avec mes mains, avec mes tripes. De laisser mon cerveau au portemanteau, de me déshabiller de mon vécu comme on enlève les dernières pelures à un oignon. Et je sais que c'est en train d'arriver. Je sais que je ne laisserai pas passer Ali et sa vie de clandestin sur les chantiers sans en témoigner. Pour plein de raisons, mais surtout parce que je sens que là je ne pourrai pas tricher. Il faudra bien que je dise la vérité, il n'y a que ça à dire. Il faudra que l'émotion passe, et pour qu'elle advienne je me ferai toute petite derrière ce que je rapporterai.

Fini les falbalas qui m'ont laissée égarée sur le bord de toutes les routes que j'emprunte depuis un bon moment. J'ai fait le tour de ce que je pouvais livrer de moi. Je m'efface et disparais pour que la vie qui est au fond de ma carcasse – encore vive et solide – puisse s'épanouir. Au fond, que suis-je en train de devenir ? Rien d'autre qu'une journaliste. Mais Dieu que ce travail d'humilité est difficile ! Sans compter que le chemin qui conduit à l'abandon de soi au profit des autres me laisse parfois frustrée de mes plumes et de mes paillettes. Mais il n'y a pas de raison que je ne devienne pas boulimique de la vie des autres, de leurs travers et de leurs passions, comme je l'étais de la mienne et de son rapport existentiel au paris-brest.

Alors, dans une quinzaine de jours, j'aurai tout jeté de mon passé. Toutes mes fringues, tous les make-up, les cartouches de cigarettes, les magazines de mode (il est vrai que je les accumulais). Résultat il ne me restera qu'un pull, deux chemises, une paire de jeans et mes Reebok.

J'aurai changé de numéro de téléphone, de nom, et je travaillerai de sept heures du matin à quatre heures de l'après-midi, pas loin d'ici mais déjà si loin de moi.

Merci Ali. Le sort fasse qu'un jour je puisse témoigner de qui tu es, d'où tu viens et de ton vrai métier.

Si la gazelle qui pousse en moi foudroie définitivement l'éléphant, je viendrai te dire alors d'où je reviens à quatre heures de l'après-midi.

Table des matières

Directrice littéraire
Huguette Maure

Graphiste
Pascal Vandeputte

Attachées de presse
Nathalie Ladurantie
Myriam Saïd-Errahmani
Sophie Hourdequin

Composition : COMPO-MÉCA S.A.
64990 MOUGUERRE

Impression réalisée sur CAMERON par
BRODARD ET TAUPIN
La Flèche

pour le compte des Éditions Michel Lafon
en mai 1997

Imprimé en France
Dépôt légal : mai 1997
N° d'impression : 1558S-5
ISBN : 2-84098-287-0
50-1581-3
ML430